実務に役立つ

企業法務のポイント55

弁護士法人 山下江法律事務所代表

弁護士 山下 江 編著

南々社

はじめに

　企業を経営する場合に実務上問題となる法律を知らない人は意外と多いというのが現状です。しかし、1冊の本で実務上必要とされる法律のほとんどを説明した本は、私の確認した限りでは出版されていないようです。それは、企業法務は多岐の分野にわたり、各分野とも詳しく説明すれば1冊の本では納めきれないからだと思います。

■ 企業法務のポイントを1冊に集大成

　詳細は知らなくてもそのポイントを何とか1冊で説明できないか、しかも、一般の人にもわかりやすく説明できないか、と挑戦したのがこの本です。企業法務を扱って26年になる私が、これまでの実務上の経験を踏まえ、山下江法律事務所所属弁護士の協力も得て、作成しました。

　内容は「日常業務で問題となる法律を知っておこう」「会社に関する法律を知ろう」「労働者を雇う際に知っておきたいこと」の3部に分かれており、合計55のポイントとしてまとめたものになっています。

■ 2020年4月1日施行の改正民法に対応

　本書の内容の多くは、私がこれまで約10年間にわたって広島商工会議所主催セミナー「正確な法律知識を習得・理解する！実務で役立つ企業法務基礎知識」にて述べてきたこと、株式会社帝国データバンク発行の全国版「帝国タイムス」にて私が連載している「企業実務に役立つ法律知識」、あるいは、広島の地域経済誌「経済レポート」に山下江法律事務所副代表田中伸が連載してきたこと、ラジオ番組ＦＭちゅーピー「なやみよまるく～江さんの何でも法律相談～」にて放送してきた内容を元に作成しました。

そして、2020年4月1日施行となった120年ぶりの民法大改正をも踏まえて大幅に加筆修正して作成しました。

■ 企業実務に役立つ1冊

　法律を知らなかったがために会社が大きな損害を被ってしまった、法律を勉強していないので企業経営が不安だ、今から起業しようと思うが、企業経営に関係する法律を一通り知っておきたい、会社の総務を担当しているが日常的な業務が妥当なのか適法なのか心配だ、そのような方を対象として「実務に役立つ企業法務のポイント55」は出版されました。

　本書が、あなたの企業実務に役立つことになれば、幸甚です。

弁護士　山下江

実務に役立つ企業法務のポイント55　目次

第1部
日常業務で問題となる法律を知っておこう

第1章　契約と文書の意義

第2章　各種契約の注意点

第3章　契約と損害賠償請求

第4章　消費者契約法

第2部
会社に関する法律を知ろう

第1章　会社の種類

第2章　株式会社の設立と機関

第3部
労働者を雇う際に知っておきたいこと

第1章　労働法制について

第2章　コンプライアンス

第1部

日常業務で問題となる
法律を知っておこう

法律は常識を文章化したもの

　まず最初に、企業法務に適用される法律は、民法、会社法、手形法・小切手法、製造物責任法、独占禁止法、下請法、不正競争防止法、労働基準法など様々ありますが、法律は難しいものではないということです。

　法律は、人と人、法人と法人などの間において争いになったときの解決の基準を文章化して定めたものです。関係者間においてなるべく公平になるように、皆が納得できるように基準が作られています。法律は、皆が納得できる（あるいは多数の人が納得できる）常識を文章化したものとも言えます。

　ですから、常識があれば、法律となっている文章を読まなくても、おおよその結論は見当が付くことになります。法律は決して難しいものではなく、争いを解決するための基準（常識）を文章化したものであり、常識人なら容易に理解できるものであると考えるべきと思います。

　前置きが長くなりましたが、さっそく、会社実務の最初に、契約と文書の意義について、述べます。

第1章

契約と文書の意義

会社実務の一番の基本は契約書作成

■ 契約書がないと契約成立と言えないのか

　否です。契約成立は、当事者間の意思表示の合致により成立します。契約書はそれを証明するもっとも重要な証拠と言えます。すなわち、契約書がなくても、当事者の意思表示が合致していれば、契約は成立することとなります。

　例として、100円のパンの売買について述べます。パン屋さんはこのパンを100円で売りましょうと意思表示しました。購入者は、このパンを100円で買いましょうと意思表示しました。ここに、両当事者の意思表示が合致したと言えます。これにより、100円のパンの売買契約は成立したことになります。契約書は不要です。

　ちなみに、この売買契約が成立したことにより、パン屋さんはそのパンを購入者に引き渡す義務を負うと同時に代金100円を受け取る権利を取得することになります。購入者は、そのパンをパン屋さんから受け取る権利を取得するとともに代金100円を支払う義務を負うことになります。

■ 契約書はなぜ必要か

　上記のような100円のパンの売買契約であれば、金額も低額であり、その場ですべてが済んでしまうので、わざわざ契約書を作成する必要はありません。しかし、これがA社がB社に対し、100万円の工作機械を製作してもらうという契約だとどうでしょう。

　A社は、B社に工作機械の製作を頼んだものの、B社がちゃんと製作して引き渡してくれるか不安です。また、B社も、A社がちゃんと100万円の代金を支払ってくれるか不安です。

　後日争いがないようにするためには、きちんとした契約書が必要となるわけです。

　すなわち、取引について契約書を作る作らないかは原則自由です（後述のとおり例外あり）。しかし、契約書を作るのは次の3つの理由があるからです。

　①契約内容を明確にする。

　②後日の証拠となる。争いが発展すると最後は裁判になり、裁判は証拠に基づいて勝敗がきまります。真実であっても証拠がないと勝訴できないことがあります。証拠には人証（証人尋問による供述）と書証がありますが、人の記憶はあいまいなことが多く、人証に比して書証の証明力が圧倒的に強いのです。書証の決定打が契約書です。

　③ひいては、紛争抑止力となるということです。

■ 口頭だけでは成立しない契約

　口頭の約束だけでは成立しない契約もあります。

　たとえば、保証契約は書面でしなければ、その効力を生じません。保証人に課せられる重い責任から、書面作成という慎重な手続きが必要とされています。

　また、建設工事の請負契約については、消費者保護の観点から、建設業法により書面作成が義務付けられており、これに違反すると業者に対して罰則が科せられます（なお、この場合は口頭でも契約は成立）。

　なお、 ポイント 18 P95 を参照。

文書作成のポイントは
4W

■ 契約でどのような取り決めができるか

契約書は、トラブルの解決基準について取り決め、予め形に残すものですが、具体的にどのような取り決めができるのでしょうか。

民法には、私的自治の原則、すなわち、当事者が自由に契約内容を決めることができる、というルールがあります。

もちろん、公序良俗に反する合意は無効である、といった例外も存在しますが、当事者の意思に任せようというのが民法の基本姿勢です。語弊を恐れず言えば、当事者の意思であらゆる取り決めが可能、ということになります。

したがって、契約締結時点で長期的な視野をもって、できるだけ自己に有利な内容の取り決めをし、一方で、自己に不利な取り決めはせず、それを契約書の形で残すということが、契約を締結する際の重要な視点になります。

■ 文書作成のポイント（重要な4W）

4W、すなわち、

①WHO（誰が）
②WHOM（誰宛に）
③WHEN（いつ）
④WHAT（どのような内容を）

が重要なポイントであり必須です。

　①②については、当事者を特定するために、住所・氏名・押印が原則です。当事者が会社の場合は、会社名・代表者の肩書き・代表者名・代表者印（法務局に届けたもの＝実印）となります。押印は実印が望ましいのですが、認印でも契約の成否に関係ありません。

　③は作成年月日です。作成時がいつかが争いになりそうなときは、公証役場で確定日付をとっておくべきです（争いになった後に、遡った日付で文書を作ったのではないか、という反論を封じ込めることができます）。

　④は文書の内容によって異なりますが、例えば、X社がY社にA商品を製作してもらい買うことにした内容（売買契約書ないし請負契約書）であれば、A商品の特定、交付時期・交付方法・交付場所、代金額、その支払時期・支払方法・支払場所を、その他にも、危険負担（交付前にA商品が滅失した場合の処理）、A商品が約束と違った場合の処理（検収の仕方など）、契約不適合責任や解除、損害賠償など（　ポイント 8 ～ 10 P44～P53 参照）、そして、遅延利息、管轄裁判所を記載します。また、継続的契約なら、即時解除条項（差押等を受けたときなど）、期限の利益喪失約款（分割支払のとき　ポイント 4 P31 ）を記載します。

■ 文書の種類
◆「注文書」・「注文請書」

　日常の取引では、契約書を作成しないこともあり、その代わりに、これらで契約書の代わりとすることがあります。すなわち、注文者は相手方に注文書を発行・交付し、これに対し、相手方は注文請書を発行・交付します。注文請書は、注文書の写しの末尾に「上記注文を承諾しました」の文言を付加すれば足ります。

　上記事案の例で、Y社が注文請書を出さない場合には、注文書の写しに相手方の署名だけでももらっておくべきです。注文書の存在だけでは相手方がそれを了解したことを立証することが困難な場合もあるからです。

◆ 「請求書」「催告書」「内容証明郵便」

　請求書には原則「いつまでに」（支払期限）を記載すべきです。相手方が支払わなかった（履行しなかった）場合には、その履行を催促する催告書を送付します。それでも支払（履行）がなかったときには、配達証明付内容証明郵便を送付すべきでしょう。相手方の態度如何では、請求書からいきなり内容証明郵便ということもあります。

■ 内容証明郵便について

　様式が決まっています。A4版横書きのときは、1行26字以内、20行以内です。句読点やハイフンはすべて1字に数えます。2枚以上になるときは、契印を押し、同じものを3通作成し、封筒を1通持参して、郵便局で手続きをしてください。

　用紙は文具店に売っており自分でもできますが、弁護士に依頼することもできます。弁護士名が入る場合と入らない場合で弁護士手数料が異なるのが普通です。弁護士名が入った場合は、もし相手方が履行しなかった場合は弁護士を代理人として法的手続きが取られることが多いことから、相手方は内容証明郵便を読んで履行することも結構あります。

　また、郵便局による電子内容証明サービスもあります。郵便局のサイトから入れば作ることができます。

◆ 「報告書」

　業務に関する報告書は、後日争いになったときに、重要な証拠となる場合があります。

　その他「委任状」「領収書」などの文書があります。

印章にも実印、社印など様々なものがある

■ 実印と認印

　実印とは、公的に届け出た印章です。個人の場合は、登録しようとする印章を住民登録してある市区町村役場か出張所に持参し、印鑑登録申請を行うことになります。印章は市販のものでも構いません。会社の場合は、会社の本店所在地を管轄する法務局に設立登記をする際に届け出る印章であり、これがその会社の代表者印となります。

　認印とは、これら以外の印章です。

　実印と認印の差異ですが、実印が必要と法定されている場合（例えば、不動産所有権移転登記の売主側、遺産分割協議に基づいて相続登記をするときの遺産分割協議書など）を除き、法的効力に差異はありません。しかし、争いとなったときは、実印の方が証明力が強くなります（本人が押したと推定される）。

■ 会社印の種類

社長印	会社の実印のことです。通常は二重の円内に「○○株式会社（外円内）」「代表取締役印（内円内）」と刻印されているので、俗に丸印と呼ばれます。	会社の実印（丸印）
社印	通常四角の印章に「○○株式会社之印」と刻印されているので、俗に角印と呼ばれます。これは認印です。	角印
銀行印	取引銀行に届け出た印章で、預金の払戻しや手形小切手の振出などで必要となります。実印（社長印）を用いても構いません。	

担当者印	担当者が職務上使用する印章です。担当権限のあるものが押印したものであれば、法的にその会社に効力が及びます。

■ 印鑑証明書

　印鑑証明書は、押印された印影が実印によるものであることを証明するための書類です。印鑑証明書が必要とされる場合は、3か月または6か月以内のものを要求されることが多いので注意が必要です。

　印鑑登録証（カード）により印鑑証明書を取得することができます。実印と同カード、印鑑登録証明書は全部盗難に遭うと危険ですから別々に保管すべきです。

■ 印影の種類

①**契印**　　1通の文書が2枚以上にわたるときに、その文書が一体であり、その順序に綴られていることを明らかにするために、文書の両頁にまたがって押印する印影です。数枚の文書を帯で糊付けして袋とじにする場合には、裏（あるいは表）紙と帯にまたがるように押印します。一部差し替えを防止します。署名部分に押印する印章を使います。

②**訂正印**　文章の字句を訂正する際に押印する印影で、署名部分に押印する印章を使います。

③**捨印**　　後日の文書内容の訂正のため、予め欄外に押印する印影で、署名部分に押印する印章を使います。訂正の際に一々改めて押印をもらわなくて済むので便利ですが、悪用される危険もありますので、相手方が信用できる場合にのみ押印します。実際にこの捨印が利用された場合は、訂正印となります。

④**割印**　　2通以上の文書がある場合に、それらの文書が同一であること、あるいは、関連性があることを示すために、それらの文

書にまたがって押印する印影です。2通以上の文書の印影を合わせると一つの印が割られたものであることが分かります。

⑤消印　収入印紙の再使用を防ぐために、印紙と台紙にまたがって押印する印影です。

⑥止印　文書の終了を示すために文書末尾に押印する印影です。あまり使われていません。

■ 電子契約

契約書に印鑑を押印するのは日本独自の商慣習であり、これからも続くと思いますが、日本でも、印鑑を必要とない電子契約が普及しつつあります。

ウェブ上にて契約書を作成するものであり、紙媒体は使用しません。現在日本において普及しているのは、弁護士ドットコムの電子契約サービス「クラウドサイン」。ウェブ上の契約書には弁護士ドットコムの「電子署名」 **ポイント19 P98** を付与することで証拠力を担保するということです。

これにより、印鑑付紙媒体のやり取りで約2週間かかっていた契約書作成が最短1日でできるようになったということです（下図参照）。また、紙媒体を使わないので、印紙代が不要となります。

◆「クラウドサイン」で5回の郵送が不要に（不動産賃貸契約の例）

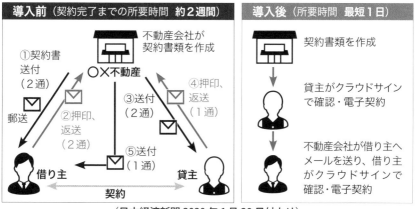

（日本経済新聞 2020年1月29日付より）

契約は口約束でも
成立しますか?

——相談者 32 歳（男性）のケース

・契約書がなくても口約束は成立する

Q 納期が迫っていたので、口頭での約束で、急いで商品のリーフレットの製作を行ってきたのですが、相手方から中止になったとの連絡がありました。契約書がないから代金を支払わないと言われました。口約束でも契約は成立しますか。

A 契約は成立します。両当事者の意思が合致すれば成立するというのが原則です。必ず契約書を取り交わす必要があるものではないのです。

　しかし、今回のように、仕事に取り掛かった途中でキャンセルなどになった場合は、言った、言わないの争いになり得ます。口約束で終わらせてしまうと、契約の成立自体を争われてしまうかもしれません。とりわけ、民事訴訟……いわゆる裁判を起こした場合を想定してお話しますと、裁判では、原則として権利を主張する者が、その権利の存在を証明する必要があるとされています。

Q 証明とは、具体的ににはどういうことですか。

A 例えば、今回のご相談の場合は、製作物の請負金額を請求したい会社が、注文した会社との間で、いくらの請負金額で、どのような請負契約を締結したのかを証明しなければなりません。しかし、契約書がない場合は、あのとき、こう言ったでしょとか、いやいやそんなことは言っていない……のような話になってしまうかもしれません。これでは裁判官に対して、請負契約の成立を証明することは

できませんね。こうなると、請負代金を請求した会社、すなわち相談者の会社が敗訴してしまうおそれが高くなります。

　それに、裁判にならずとも、契約書があれば、トラブルを未然に防ぐことにもなります。また、契約書が存在するということは、基本的に契約内容が証明されるので、契約違反をされにくくなるという利点もあります。

第2章

各種契約の注意点

13種類の典型契約の代表格が売買契約である

■ 13種類の典型契約

　売買契約の説明に入る前に、契約には13種類の典型契約があることと、なぜ、契約の種類の検討が必要かについて述べます。

　13種類の典型契約とは、売買契約、消費貸借契約、使用貸借契約、賃貸借契約（以上3つを貸借契約といいます）、請負契約、委任契約、寄託契約、贈与契約、交換契約、雇用契約、組合契約、終身定期金契約、和解契約の13のことです。

　なぜ「典型」という表現をするのかというと、現実の取引現場における契約では、13種類の各典型契約に類似した契約や、いくつかの典型契約の要素を併せ持った契約などの様々なものがあるからです。

　そして、13種類の典型契約は、それぞれ契約成立の要件が異なっており、それぞれ契約成立が認められたときに生じる法律効果が異なることになります。

　すなわち、ある典型契約の成立が認められた場合、一方当事者は相手方に対しその契約成立の法律効果として、ある請求権が認められることになるのですが、その契約が違う種類の契約だと認定された場合には、同請求権は認められないという状況が生じうることになるのです。

　だから、各典型契約の意味やその成立要件を正確に把握し、そこから生じる法律効果を理解することは、実務においても極めて重要なことであるということになります。

　ただし、当事者が民法の規定とは異なる合意をした場合には、原則として同合意が優先されます。このような民法の規定を「任意規定」といいます。

■ 売買契約

典型契約の代表格として挙げられるのが売買契約です。

売買契約とは、当事者の一方がある財産権を相手方に移転することを約束し、相手方がこれに対してその代金を支払うことを約束する契約です。

売買の対象となる「財産権」すなわち目的物ですが、財産的価値があり、譲渡性があれば、所有権に限らず、地上権、債権、無体財産権、株式、手形なども含まれます。また、他人に属する財産権を売る契約も有効です（「他人物売買」といいます）。

その対価は金銭でなければなりません。対価が金銭以外の財産権の場合は、「交換契約」となります。代金額は原則として当事者同士で自由に決定できますが、高額過ぎる場合（暴利行為）は、公序良俗違反として契約が無効となる場合があります。

なお、対価が何もなくて無償の場合は「贈与契約」となります。

◆売買契約とは

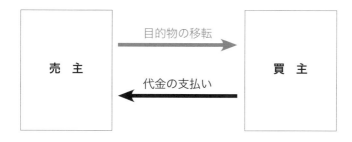

■ 危険負担

危険負担とは、売買契約締結後、売主の責任が問えないような事由により売買の目的物が滅失・毀損して引渡しができなくなった場合に、そのリスクを売主・買主のどちらが負担するかという問題のことです。

例えば絵画の売買で、売買契約成立後引渡し前に、絵画が延焼により焼失したときに、だれがその負担を負うかという問題です。

改正前の民法では買主が負担する、すなわち、買主の代金支払義務は残ることになっていました。この度の改正によりこの条文は削除され、買主が目的物の引渡しを受ける前には支払いを拒絶でき、引渡しを受けた後は代金支払義務があることになりました。

■ 契約不適合責任

売買により引き渡された目的物が種類、品質または数量に関して契約の内容に適合しないものであるときは、買主は、①追完請求権（代替物の引渡し、補修請求権）、②代金減額請求権、③損害賠償請求権、④契約の解除（軽微である場合は除く）が可能です。

種類または品質については、買主は、契約不適合を知ったときから1年以内に売主に対して通知しなければなりません。目的物の数量や権利移転に関する契約不適合については、通常の消滅時効（知ったときから5年、権利行使可能時から10年）が適用されます。

なお、改正前の民法にあった「瑕疵担保責任」を定めた条文は削除されました。

■ 二重売買

財産権が二重にあるいはそれ以上の数の相手方に対し、譲渡された場合の問題です。二重譲渡があった場合に、相容れない他の譲受人に優先するための要件のことを「第三者対抗要件」といいます。第三者対抗要

件は、売買対象物が不動産の場合は登記、動産の場合は引渡し、債権の場合は確定日付のある通知の到達となります。

■ 割賦販売

　割賦販売とは、売買代金の支払を分割して支払うことを条件とした販売方式で、売主が商品の頭金を支払ってもらうのみで商品を買主に引渡し、買主が残代金を長期分割支払とすることが多いです。残代金回収のために、残額が支払われるまで、その商品の所有権が売主に留保されます（所有権留保）。次の2つの約定がなされます。

　失権約款。買主が代金の分割支払いを怠ったとき、当然に売買契約は効力を失い（解除され）、売主は無催告で目的物の返還請求ができるとするものです。

　期限の利益喪失約款。買主に残代金分割支払の不履行があったとき、買主は分割支払の利益を失い、残代金を一括で支払わなくてはならないとするものです。

■ クレジット販売

　クレジット販売とは、商品代金を、買主ではなくクレジット会社が売主に対して立て替えて支払い、買主はクレジット会社に対して立て替えてもらった代金をクレジット会社に対し支払うという売主・買主・クレジット会社の3者契約です。買主が分割支払をするときは、商品に対する所有権留保はクレジット会社が行うことになります。

貸借契約には、消費貸借、使用貸借、賃貸借の３つがある

　貸借契約とは、物の使用価値を一時的に相手方に委譲する契約で、消費貸借・使用貸借・賃貸借の３種類の典型契約 ポイント 4 P28 があります。

　消費貸借とは、借主は目的物の所有権を取得し、これを消費した上で、同種・同等・同量の別の物を返還する契約です。

　使用貸借・賃貸借とは、目的物の所有権が貸主に保留され、借主は目的物を処分しないで借りた物を返還する契約のことで、無償のものが使用貸借、有償のものが賃貸借です。

■ 消費貸借

　もっとも一般的なものは、金銭の消費貸借です。

　利息。借主の利息支払義務は特約によって生じます。貸主借主間で自由に決めることができますが、利息制限法の制限があります（最高利息は、10万円未満が年20％、10万円以上100万円未満が年18％、100万円以上は年15％）。

　なお、商人間の金銭消費貸借は当然に利息付きとなります。利息は数値の約定がなければ、法定利率によることとなります。法定利率は、①変動制であり３年に１度見直す、②当初（令和２年４月１日から）は年３％となっています。（改正前は民事５％、商事６％でした）

　この法定利率は、債務不履行や不法行為に基づく損害賠償請求時の遅延損害金の算定にも適用されます。

　貸金の返還時期の定めがない場合には、貸主はいつでも、相当の期間を定めて返還の催告をすることができます。借主はいつでも、返還することができます。「相当の期間」は通常一週間程度とされています。

■ 貸す場合の注意点

　①当然のことながら、借主が返済できるかどうか、その信用状態を確かめなければなりません。②後で争いにならないように、必ず書面化すべきです。金額、利息、遅延損害金、返済期限、期限の利益喪失約款（分割支払いのとき　ポイント 4　P31 ）など、明記する。③担保や保証人など、返済確実化の手段を講ずべきでしょう。

■ 準消費貸借

　当事者間に売買代金等の金銭債権があるときに、これを金銭消費貸借の貸金に切り替える契約です。メリットは次の４点です。

　①新たに利息を決めることができます。当事者の同意があれば、当初の利息より高い利息を決めることもできます。
　②新たに連帯保証人を付け、また、物的担保を付けることもできます。
　③時効を延長できます。売買代金についての時効が進行しているときに新たに準消費貸借契約を締結するので債務承認となり、その時点から新たに時効が進行することになります。
　④切り替える際に、公正証書を作成することができます。公正証書は公証役場にて公証人が作成する公文書です。公正証書には高い証明力がある他、執行認諾文言（債務不履行の場合直ちに強制執行に服する旨の記載）があれば、裁判所の判決無しに強制執行ができます。

■ 使用貸借

　使用貸借契約とは、貸主が借主に無償で貸すことにして目的物を引渡し、借主が使用・収益したのちに返還する契約です。要するに、ただで物を相手方に貸すことです。

1、費用関係について

借主は目的物の保存・保管に必要な費用を負担しなければなりません。例えば、建物使用貸借では、建物の敷地の地代や建物の固定資産税は借主の負担となります。

ただし、特別の費用（災害で破損した建物修繕費など）または有益費（土地改良費など）は貸主に対し償還請求ができます。

2、使用貸借契約の終了について

①期間の定めがあるときは、期間の満了が契約終了時となります。②期間の定めがないときは、使用目的が定められていれば、目的を達成したとき、③期間の定めも使用目的も定められていないときは、貸主はいつでも解約できます（ただし権利濫用で無理ということもあり、注意が必要です）。また、④借主の死亡も終了原因となります（使用貸借は貸主の好意に基づく貸借関係だからです）。

■ 賃貸借

賃貸借契約とは、貸借目的物の使用収益の対価が支払われる場合をいいます。建物と土地（建物所有目的）の賃貸借契約については、民法の特別法である借地借家法が適用されるので、これらについて簡単に触れます。

1、建物賃貸借契約

いくつかの類型があります。通常の建物賃貸借、定期建物賃貸借（公正証書等による契約）、取壊予定建物賃貸借、一時使用目的建物賃貸借（サラリーマンの転勤で一時的に賃貸する場合など）があります。

以下は、通常の建物賃貸借について。ポイントは借主保護政策が採られていることです。

契約書には賃貸借契約の期間が定められているので、貸主はその期間満了をもって即、契約を終了させることができるかというと、ノーとい

うことです。貸主が更新拒絶（解約申し入れ）をするには「正当事由」が必要となります。

「正当事由」は、「建物の賃貸人及び賃借人が建物の使用を必要とする事情のほか、建物の賃貸借に関する従前の経過、建物の利用状況及び建物の現況並びに建物の賃貸人が建物の明渡しの条件として又は建物の明渡しと引換えに建物の賃借人に対して財産上の給付をする旨の申し出をした場合におけるその申し出を考慮」して判断されることとなります。

なお、同更新拒絶通知は、期間満了1年前から6か月前までの間に行わねばなりません。

2、（建物所有目的）土地賃貸借契約

建物所有を目的とする土地の賃借権または地上権のことを「借地権」といい、それ以外の一般の土地賃借権と区別されます。

ここでは借地借家法の適用がある借地権について、そのポイントを述べます。

①存続期間は30年です。ただし、契約でこれより長い期間を定めたときは、その期間。これより短い期間は無効であり期間は30年となります。

②貸主による更新拒絶については、建物の場合と同様に「正当事由」が要ります。

③例外があります。「定期借地権」＝存続期間50年以上ですが、公正証書等による必要があり、存続期間の延長はありません。

「事業用借地権」＝もっぱら事業の用に供する建物の所有を目的とするもので、存続期間は10年以上20年以下。公正証書による契約が必要です。その他「建物譲渡特約付借地権」「一時使用目的借地権」があります。

仕事の完成を依頼するときは
請負契約となる

■ 請負契約とは

　請負契約とは、請負人が仕事を完成させ、注文者がその仕事の結果に対して、報酬を支払うことを約する契約です。

　典型的なものは、建築請負契約です。請負人は建物の建築という仕事を完成させ、注文者はこの結果に対して、請負代金という報酬を支払うことになります。同契約については、民法の規定だけでは不十分なので、公共工事標準請負契約約款、民間（旧四会）連合協定工事請負契約約款、住宅の品質確保の促進等に関する法律（品確法）などより、民法が修正されていますので注意が必要です。

■ 目的物の所有権の帰属

　請負人による仕事の目的物は、誰に所有権があると言えるでしょうか。請負人が仕事途中で倒産した場合などに問題となります。

　判例通説は、材料の供給態様を基準としています。

　すなわち、注文者が材料を供給する場合は、原始的に注文者に所有権が帰属し、請負人が供給する場合は、請負人が所有権を獲得し、目的物の引渡により注文者に移転します。両者が供給する場合は、材料の主要部分を供給した者に所有権が帰属することになります。

　ただし、特約や特別の事情があるときは別です。例えば、「建築完成前に請負代金の全額支払済みのときは、特別の事情の無い限り（引渡を待つまでもなく）、建築家屋は工事完成と同時に注文者に帰属させるという黙示の合意が当事者間にあると推認される」という裁判例もあります。

■ **請負人の契約不適合責任**

　請負人は、性能、品質、規格等において契約の趣旨に適合した仕事を完成させる義務を負っています。同趣旨に適合しない場合には請負人は契約不適合責任を負うことになります。ただし、注文者の供した材料の性質または注文者の与えた指示による不適合の場合は、請負人は責任を負いません。なお、民法改正前の瑕疵担保責任は売買同様なくなりました。

　契約不適合だった場合には、注文者は請負人に対し、①追完（補修）請求権、②報酬減額請求権、③損害賠償請求権、④契約の解除ができます。ただし、解除は、軽微な不適合の場合にはできません。**ポイント 9 P49** 参照。

■ **仕事未完成の場合の報酬請求権**

　請負契約の目的物の全体が完成していない場合であっても、①請負人の責めに帰することができない事由によって仕事を完成することができなくなった場合、または、②請負が仕事の完成前に解除された場合に、③仕事の結果が可分でありその部分の給付によって注文者が利益を受けるときは、請負人は、注文者が受ける利益の割合に応じて報酬を請求できます。この報酬請求権は、他と同様に、請求できることを知ったときから5年、同請求権発生時から10年で時効消滅します。

■ **その他の契約**

　これまで、13種の典型契約のうち、売買契約、貸借契約（消費貸借、使用貸借、賃貸借の3つ）、請負契約を見てきましたが、あと8つの契約について簡単に触れます。

委任契約	他人に依頼して事務を処理してもらう契約
寄託契約	他人に物を預ける契約
贈与	他人に無償で財産を与える契約
交換	当事者が互いに金銭の所有権以外の財産権を移転する契約
雇用	労務者が労務に服することを約し、使用者がこれに報酬を与えることを約する契約
組合	数人の当事者がそれぞれ出資して（労務・信用含めて財産的価値のあるものなら何でもよい）共同の事業を営むことを約する契約
終身定期金	ある人が、自己、相手方または第三者の死亡するまで、相手方または第三者に定期的に金銭その他の代替物を給付する契約
和解	当事者が互いに譲歩して、争いを止めることを約する契約

以上で13種です。

■ 他人の労務利用目的の3類型

これらのうち、他人の労務を利用する契約は、請負、委任、雇用とあります。

「請負」は、労務の結果として仕事の完成を目的とする。

「委任」は、一定の事務処理を相手方の自由な判断に信頼して委ねることを目的とする。

「雇用」は、労務の利用それ自体を目的とする。

という特色があります。

ポイント7 保証人保護のため保証契約に関する改正がなされた

　会社が金融機関などから借入をする際や事務所の賃貸借契約などにおいては、保証人を付けることを要請されることがほとんどです。債権者（貸主）と保証人とが締結する契約が保証契約です。

　保証契約は債務者（借主）の経済的信用を補う手段として広く利用されています。しかし、債務者との私的関係から、無償で保証人となることが多く、また、保証人としての責任を十分認識しないまま保証契約を締結してしまったために、保証人自身の生活が破綻するといったケースも珍しくありません。そこで、保証人の保護を図るため、保証契約の締結に関して改正がなされました。

■ 貸金等根保証に関する規律の個人根保証一般への拡大

　根保証は、一定の範囲に属する不特定の債務を包括的に保証するものですから、保証人の責任が大きくなりやすいものです。そこで、貸金等のための根保証契約に関する規律の一部を個人根保証契約全般に拡大することとされました。

　具体的には、極度額（保証の対象となる債権の合計額の限度）の定めが必要とされ、これを欠く根保証契約は無効とされました。また、元本の確定（債務の範囲が特定されること）事由として、

①債権者（貸主）が保証人の財産について、金銭の支払を目的とする債権についての強制執行または担保権の実行を申し立てたとき（強制執行または担保権の実行の手続きの開始があったときに限る）
②保証人が破産手続き開始の決定を受けたとき
③主たる債務者または保証人が死亡したとき

とされました。

■ 事業資金借入れの個人保証に関する改正

　事業資金の借入れは多額であるのが通常であり、個人である保証人にとって過酷な状況に追い込まれるリスクが高いため、保証契約の締結には特に慎重になる必要があります。この度の改正では、原則として保証契約前の1か月以内に、保証人が「保証意思宣明公正証書」という公正証書を作成することが必要とされました。

　これは、保証契約のリスクを十分認識した上で保証契約を締結する意思があることを確認するためのもので、保証会社の主たる債務者への求償権について保証人になる場合にも適用されます。

　ただし、保証人になろうとする者が①主たる債務者（法人）の理事、取締役、執行役またはこれらに準ずる者、②主たる債務者（法人）の総株主の議決権の過半数を有する者等、③主たる債務者（個人）と共同して事業を行う者または主たる債務者が行う事業に現に従事している配偶者のいずれかである場合には、保証意思宣明公正証書の作成は必要ありません。

　また、保証人保護の観点から、

①保証契約締結時の情報提供義務、
②主たる債務の履行状況に関する情報提供義務、
③主たる債務者が期限の利益を喪失したときの情報提供義務

が定められました。以下詳しく説明します。

■ 保証契約締結時の情報提供義務

　主たる債務者は、事業のために負担する債務を主債務とする保証または主債務の範囲に事業のために負担する債務が含まれる根保証の委託を

する場合、委託を受ける保証人（個人のみ）に対して、①財産及び収支の状況、②主債務以外に負担している債務の有無並びにその額及び履行状況、③主債務の担保として他に提供し、または提供しようとするものがあるときは、その旨及びその内容に関する情報を提供する義務を負います。

事業のための債務は多額になりやすいため、保証人になろうとする者に対して十分な情報を与え、保証契約の締結について慎重に検討することを可能にするための制度です。

これに違反して保証契約が締結された場合、債権者が主たる債務者の情報提供義務違反を知りまたは知ることができたときは、保証人は保証契約を取り消すことができます。

■ **主債務の履行状況に関する情報提供義務**

　債務者の委託を受けた保証人（法人を含む）から請求があった場合、債権者は、①主債務の元本及び主債務に関する利息、違約金、損害賠償その他その債務に従たるすべてのものについての不履行の有無、②それらの残額、③そのうち弁済期が到来しているものの額について、保証人に情報を提供する義務を負います。

　保証人にとって、保証契約後も主債務者がきちんと債務を履行しているのかどうかは重要な関心事です。

　主債務の履行状況について債権者から情報提供を受けることにより、保証人は、主債務者の債務不履行を知らないまま遅延損害金が膨れあがってしまうという事態を避けることができます。

■ **主債務者が期限の利益を喪失したときの情報提供義務**

　主債務者が期限の利益を有する場合でその利益を喪失したときは、債権者は、保証人（個人のみ）に対し、期限の利益の喪失を知ったときから2か月以内に、その旨を通知する義務を負います。

　債権者がこの義務に違反した場合、債権者は、主債務者の期限の利益喪失のときからその通知が実際に行われるまでに生じた遅延損害金について、保証人に対して請求することができません。

　主債務者が期限の利益を喪失した場合、保証人も期限の利益を喪失することになりますが、遅延損害金について保証債務の範囲を制限することにより、保証人の責任が過大になることを防止するための制度です。

第3章

契約と損害賠償請求

契約が不成立、無効・取消となる場合がある

　会社のトラブルの主要なものは、当方から相手方に対し損害賠償請求を行う、あるいは、その逆の場合です。会社をめぐる損害賠償請求について、契約によるものやその他によるものを説明します。

■ 契約の不成立

　当事者の合意が得られず契約不成立の場合は、当事者が契約上の責任を問われることはありません。しかし、契約締結の準備段階において過失があり、結局契約締結に到らなかったときにも、契約準備段階における信義則を理由として損害賠償責任を負う場合があります。

　例えば、Aが契約締結の準備のために調査費用を支出したが、Bが調査に協力しなかったので、契約も締結されなかった場合の調査費用です。

■ 契約締結上の過失

　過失によって無効な契約を締結した者は、相手方がその契約を有効なものと誤信したことによって被る損害を賠償する責任があるとされています。

　例えば、借地上の建物の売買契約が締結されたが、売主が借地権譲渡に関する地主の承諾が得られず履行不能となり、後で契約が解除された場合です。

　売主には、借地権譲渡に関する地主の承諾に関し調査、確認する義務があります。にもかかわらず、それを怠ったという過失があるので、その責任を負うことになります。

　契約締結上の過失が成立する要件は以下のとおりです。

■契約締結上の過失の成立要件

①締結された契約の内容が客観的に不能であるため、その契約が無効である。

②給付をなそうとした者が、その不能なことを過失によって知らなかった。

③相手方が不能であることに付き善意（無過失）である。なお、ここでいう「善意」とは知らなかったという意味です。

　この場合の損害賠償の範囲ですが、「信頼利益」＝無効な契約を有効であると信じたために生じた、信頼した者の利益＝に限られます。

　ちなみに、「信頼利益」の対語に「履行利益」という概念がありますが、これは、契約が有効でありそれが完全に履行されていたら債権者が受けた利益のことです。

　先の借地上の建物売買の例では、信頼利益は同売買にかかった印紙代や不動産屋手数料などですが、履行利益は建物の転売予定があった場合はその転売利益も含まれることになります。

▦ 契約の無効

　無効とは、当初から当然に契約の効力がないことです。具体的には以下の場合があります。

1、意思能力なし

　行為によって自分の権利義務が変動するという結果を弁識するに足るだけの精神能力がない場合です。意思能力を欠いた人との契約は当然に無効となります。

2、公序良俗違反

　賭博契約や愛人契約などです。これらについては、いくら契約書があったとしても、それに基づいて相手方に対して契約上の権利を請求することはできません。

3、通謀虚偽表示

相手方と通じてした虚偽の意思表示です。例えば、債権者の差押を逃れるために仮装売買により財産を他人に移転する場合がこれです。仮装売買は無効となります。

■ 契約の取消

無効は契約の当初から当然に効力はありませんが、取消は取消の意思表示があって初めて効力がなくなります。

取消ができる場合としては、錯誤による契約、詐欺による契約、強迫による契約、行為無能力者（未成年者や被成年後見人など）による契約の場合があります。

■ 錯誤取消について

錯誤とは、国語辞典等では「事実と概念とが一致しないこと」などと定義されていますが、要するに、思い違いということです。

契約において錯誤があったときは取消すことができます。しかし、いつでも錯誤だとして取消すことができると法的な安定性を欠くので、民法では2つの場合に取消が可能としています。

1つは、意思表示に対応する意思を欠く錯誤です。例えば、A土地を買おうとしてB土地の売買契約を締結した場合です。買おうと思っていた土地が思っていた土地とは異なっていたということです。

もう1つは、表意者が法律行為の基礎とした事情についてのその認識が真実に反する錯誤です。ただし、この場合には、その事情が法律行為の基礎とされていることが表示されていたときに限り取消すことができます。例えば、工場を建てるためにA土地の売買契約を締結したが、A土地は市街化調整区域（工場建設はできない）だった場合です。錯誤取消のためには、買主（表意者）が工場用地に使うことを契約締結に当た

り表示していることが必要なのです。

　なお、表意者に「重大な過失」があれば、錯誤取消を主張できませんので注意が必要です。

■ 取消の効果

　取消により契約は初めから無かったものとなります（遡及効といいます）から、もし契約が履行されていれば、双方に原状回復義務が発生します。

　また、無効と異なり、取消権は、追認できるようになってから5年間、追認できるようにならなくても行為のときから20年たてば消滅しますので、注意が必要です。なお、消費者契約法での消費者による取消は、追認できるようになってから1年間、行為のときから5年間で時効消滅します。反復継続して取引を行う事業者には迅速な処理が要請されているためです。

◆取消権の消滅

契約解除には、法定解除、約定解除、合意解除がある

　契約を解除できる場合としては、法定解除（法律の要件により解除権が発生する場合）、約定解除（予めの解除権留保合意に基づき、該当事情が発生したことを理由に解除する場合）、合意解除（合意により解除する場合）などがあります。

■ 法定解除

1、債務不履行による解除

　相手方が債務を履行しない場合に発生する解除権です。

　ポイント **10** P51 にて述べるように、解除の前に催告することが前提となりますが、債務者に帰責事由（責任を問われる事情）がなくても解除は可能です。解除は、債権者を契約の拘束力から解放するための制度だからです。ただし、債権者が債務者に対して損賠賠償請求するためには、帰責事由は必要となります。

2、各種契約特有の解除原因による解除

　「1」では契約についての一般的な解除権の発生に関して述べましたが、各種契約特有の解除原因による解除もあります。

ア　売買契約における契約不適合を理由とする解除

　売買の目的物が種類、品質または数量に関して、契約の内容に適合しないときは「1」で述べた一般原則（帰責性不要、催告解除が原則）により解除が可能です。ただし、軽微な不適合では解除できません。

　なお、商人間の売買においては、買主の検査・通知義務という特則がありますので注意が必要です。すなわち、買主は目的物を受け取ったときは、遅滞なくこれを検査し、品質または数量において契約の内容に適合しないことを発見したときは、直ちに売主に通知しなければ解除でき

ません。目的物が種類または品質において契約の内容に適合しないことを直ちに発見できない場合において、買主が6か月以内にその不適合を発見したときも同様です。

イ　賃貸借契約における解除権

賃借権を無断譲渡したり無断転貸すると、賃貸人に解除権が発生します。その他、ポイント 5 P34 を参照してください。

ウ　請負契約での注文者による解除権

仕事の目的物が種類または品質に関して契約内容に不適合の場合には、注文者は解除が可能とされています。ただし、不適合が軽微な場合にはできません。ポイント 6 P36 を参照してください。引き渡された目的物に相当程度の不適合があるが、請負契約の目的を達成できる場合に契約を解除できるかは問題となります。

3、事情変更の原則

契約締結後の社会的経済的事情の重大な変動に際して、信義誠実の原則から契約の消滅や契約内容の変更を認める原則です。これにより、「契約内容改定権」（例えば賃料増額請求権）と契約解除権（内容改定を拒絶されたり、内容改定が不可能な場合など）が発生します。

■ 約定解除

契約当事者があらかじめ解除権留保を合意し、この特約によって解除権が生じる場合をいいます。

ア　当事者の明示的合意によるもの

例えば、相手方に資力信用不安が発生した場合には即時解除できるという内容の即時解除条項がこれに当たります。

イ　法律によって解除権が留保されたもの

売買契約において手付金の支払と解除を約定した場合がこれに当たります。いわゆる「手付流れ」「手付倍返し」といわれるものです。買主

は交付した手付を放棄して、売主は受け取った手付の倍額を償還して、契約の解除ができます。

　注意しなければならないのは、手付解除ができるのは、相手方が契約の履行に着手する前のみということです。買主が約束の履行期後しばしば売主に履行を求め、残代金の準備もしていれば、現実の提供が無くても、履行に着手していたと言えるので解除はできないとする裁判例があります。

　その他、不動産売買において買戻特約が付されている場合も、これに該当します。

■ 合意解除

　当事者の合意により、契約を解消して契約がなかったのと同一の状態を作出する新たな契約のことをいいます。

　これは示談的要素を持ちます。契約を遡及的に（遡って）消滅させますので、すでに給付された物は不当利得債務となり相手方に返還しなければなりません。ただし、契約を前提にして関与した第三者の権利を害することはできません。

■ 告知（解約）

　継続的債権関係（賃貸借、雇用等）において、当事者の一方的意思表示によって、契約の効力を将来に向かって消滅させるものです。「解除」に遡及効があるのとは異なります。

　ただ、現実の実務では「解約」と「解除」は必ずしも使い分けられておらず、「将来に向かって解除」などと表現する場合もあります。

10 契約解除に伴う損害賠償請求権が発生することが多い

　A社がB社に対してC商品の製作を依頼する契約を締結しました。しかし、B社は契約通りの履行をしてくれません。A社は契約を解除して他の会社に依頼しなおさなければと考えています。このような場合を想定してください。

■ 解除するにはまず催告が原則

　相手方がその債務を履行しない場合において契約を解除するためには、まず、相手方に対して、相当の期間を定めてその履行を催告しなければなりません。その期間内に履行がないときは、契約を解除することができます。ただし、同期間経過後の債務の不履行がその契約及び取引上の社会通念に照らして軽微であるときは、できません。

■ 無催告解除

しかし、以下のような場合には、催告なしでいきなり解除することができます。無催告解除といいます

> ①債務の全部の履行が不能であるとき
> ②債務者がその債務の全部の履行を拒絶する意思を明確に表示したとき（これらの場合には債務履行がされないことが予め分かっているので催告は不要とされました。）
> ③債務の一部について履行不能ないし履行拒絶意思の表明があったときで、残存する部分のみでは契約をした目的を達することができないとき
> ④一定の期間内に履行しなければ契約をした目的を達することができない場合に、その期間を経過したとき
> ⑤その他、債務者が債務の履行をせず、債権者が催告しても契約をした目的を達するのに足りる履行がされる見込みがないことが明らかであるとき

この⑤により無催告解除が改正前に比べて認められやすくなったと言えますが、他方、債権者は「履行される見込みがない」ことを立証しなければならないので注意が必要です。

■ 債務不履行による損害賠償

相手方の債務不履行を原因として契約解除をした場合に、相手方にその責任があるときは、相手方に対する損害賠償請求が可能です。もちろん、契約を解除しなくても、相手方に債務不履行があった場合には、相手方に対して損害賠償請求が可能です。法律は、その概略をまとめると次のように定めています。

債務者が契約の内容を履行しないときまたは履行が不能であるときは、債権者は債務者に対して、これによって生じた損害の賠償を請求することができる。ただし、その債務の不履行が契約その他の債務の発生

原因及び取引上の社会通念に照らして債務者の責めに帰することができない事由によるものであるときは、この限りでない。

　すなわち、債務者に対する損害賠償請求は、債務者にその責任を問える場合でなければならないのです。これを「帰責事由」といいます。

■ 履行に代わる損害賠償

　改正後の民法では、履行に代わる損害賠償（填補賠償）請求権が明文化されました。債権者は以上述べた損害賠償請求が可能な場合に、次に掲げるときは、履行に代わる損害賠償の請求をすることができます。

　①債務の履行が不能であるとき
　②債務者が履行拒絶する意思を明確に表示したとき
　③契約が解除され、または債務不履行による解除権が発生したとき

■ 通常損害・特別損害

　債務不履行による損害賠償の範囲ですが、これによって通常生ずべき損害ということになります（通常損害）。

　特別の事情によって生じた損害でも、当事者がその事情を予見すべきであったときは、その範囲にて賠償を請求することができます（特別損害）。

　冒頭の例でB社がC商品の納入を半年遅らせたとします。A社はB社に対し納期遅延により通常被る損害を賠償請求できます（通常損害）。

　しかし、遅延の間にC商品に対する需要が一気に高まり、もし約束どおりの納期であれば、A社は大きな利益を得ていたことになり、これはA社にとっての大きな損害となりました。これが特別損害です。需要の一気の高まりを当事者が予見すべきであったかどうかにより、通常損害に留まるか特別損害まで賠償金額が認められるかが決まるということになります。

従業員が第三者に与えた損害の責任を会社が負うことがある

■ 使用者責任は法律で規定されている

　自社の従業員が、会社の業務に当たってトラブルや事故を起こしたとき、被害者から会社が損害賠償請求をされることがあります。これは使用者責任といわれるもので、民法715条に規定されています。

　なぜ、使用者である会社自身は何もしていないのに、損害賠償責任を負うのでしょうか。

　それは、会社は被用者（従業員）の活動によって利益を上げているので、収益活動から生じる損害について責任を負うのが公平であるという報償責任の考え方や、人を使用して自己の活動範囲を拡大している以上、その危険を支配する者がその責任も負うべきであるという危険責任の考え方などが理由です。

　それでは、どういった場合に、使用者責任が発生するのでしょうか。使用者責任が発生するためにはいくつかの要件があります。

■ 会社に使用者責任が発生するための要件

　①使用関係があること

　使用者責任ですから、当然使用関係があることが要件となります。雇用契約等がなくても使用者と被用者の間に実質的な指揮・監督関係があればよいと考えられています。また、使用関係の前提となる事業は、一時的でもよく、違法でも構いません。営利目的である必要もありません。判例では、階層的に構成されている暴力団の最上位の組長と下部組織の構成員との間にも使用関係が成立しているとしたものがあります。

　②事業の執行についてなされること

　被用者の事業の執行から直接に生じたものは当然事業の執行について

なされたといえますが、それだけに限られません。被用者の行為が職務の範囲に属しないものであったとしても、その行為の外形から観察して、あたかも被用者の職務の範囲内とみられれば事業の執行といえます。判例では、会社の車を会社に無断で使用して運転していた際の事故でも、事業の執行についてなされているとしたものがあります。

③被用者の不法行為

使用者責任は、被用者の不法行為に対する責任ですので、問題となっている被用者の行為自体が不法行為の要件をみたしている必要があります。具体的には、被用者に故意または過失があることが必要になります。

④使用者に免責事由がないこと

民法715条1項但し書は、使用者が被用者の選任及び監督について相当の注意をしたとき、または相当の注意をしても損害が生ずべきであったときは、使用者の責任を免責する旨を規定しています。もっとも、この主張によって使用者の免責が認められることはほとんどありません。

■ 使用者責任が認められた場合の会社の責任

被害者は、加害者である被用者に対して損害賠償請求をすることもできますし、使用者責任についての要件を満たすことを主張して、会社に対して損害賠償請求をすることも可能です。そして、使用者責任が認められる場合、会社は被用者と同じ責任を負い、被害者の損害を賠償しないといけません。

なお、使用者責任といっても、もともとは被用者の不法行為が原因ですので、最終的な責任は被用者が賠償責任を負うべきです。法律上も、使用者が被用者に対し、求償することを認めています（民法715条3項）。

もっとも、事業の性格その他諸般の事情に照らし、使用者の被用者に対する求償は、損害の公平な分担という見地から、信義則上相当と認められる限度に制限されます。そのため、損害額の全額を被用者に請求す

ることはできない場合がほとんどです。

　なお、従業員の損害の負担割合が問題となる場合は、①従業員の過失の程度、②使用者側の教育・管理体制の不備の有無、③従業員の状況（懲戒処分を受けている、従業員の資力）なども考慮して判断します。

従業員が壊したパソコンの修理代金を従業員に請求できますか?

——相談者 52 歳(女性)のケース

● 可能だが、困難な場合もある

Q 従業員が会社貸し出しのパソコンにお茶をこぼし壊してしまいました。パソコンの代金を損害賠償として従業員に請求してもいいの?

A 従業員は会社との労働契約に基づいて誠実に働く義務を負っています。その義務に違反し会社に損害を与えた場合は、会社は従業員に対し、損害賠償請求をすることができます。そのため、会社の備品であるパソコンを壊したのであれば従業員に対して損害賠償請求をすることは可能です。

しかし、必ずしも損害賠償請求が認められるとは限りません。仮に損害賠償請求が認められたとしても、パソコンの代金全額の請求が認められる可能性は低いでしょう。なぜなら、 ポイント 11 P54 で説明した報償責任の考え方等からすると、通常の業務中に発生が予想されるミスについては、そのリスクは会社が負担するのが公平といえるからです。

業務中にお茶をこぼしてしまうということは、ある程度注意をしていても発生する可能性があり、この程度のミスの場合は、会社からの損害賠償請求が認められる可能性は低いと考えらえます。仮に損害賠償請求が認められとしても、パソコン代金の2割程度の金額しか請求できないのではと思います。ケースバイケースですので、一律に定めることはできません。

第4章

消費者契約法

消費者契約法により
契約が取消となる場合がある

　会社が事業として、消費者に対して商品を販売したりサービスを提供したりする場合に、弱い立場にある消費者が思わぬ損害を被ることがあります。そのようなことのないように、民法の特則として、消費者契約法が定められています。その概略を説明します。

■ 契約取消

　契約は申込みと承諾の意思表示により成立しますが、以下の場合に、申込みまたは承諾の意思表示を取り消すことができます。すなわち、成立した契約を取り消すことができます。

1、誤認類型

ア　不実告知

　契約を締結する際に、事業者が契約上の重要事項について客観的事実と異なる説明をすることです。事業者が真実でないことを知っている必要はありません。

イ　断定的判断

　契約の目的となるものに関する将来の見込みについて、不確実なものを確実であると誤解させるような判断の提供を行うことです。例えば、「この土地の価格は将来必ず上昇する」と告げて土地を売却することです。

ウ　利益事実告知かつ不利益事実不告知

　重要事項または関連する事項について利益事実は告知するが、不利益事実を故意に告げない場合です。

　ところで、上記でいう「重要事項」とは、物品、権利、役務その他の当該消費者契約の目的となるものの質、用途その他の内容や対価、その他の取引条件をいい、消費者が契約を締結するか否かの判断に通常影響

を及ぼすものをいいます。

■**誤認類型の判例（札幌高判平 20.1.25）**
先物取引業者の外務員が、勧誘当時の相場状況などを根拠に金の相場が
上昇するとの判断を告げて買い注文を勧める一方（利益事実の告知）、将
来の金相場の暴落の可能性を示す事実（不利益事実）を故意に告げなかっ
たことが、消費者契約法４条２項所定の「不利益事実の不告知」に当た
るとして、委託契約の取消を認めました。

２、困惑類型

　①契約の締結に際し、消費者がその住居または就業場所から事業者に
退去するように求めたにかかわらず、退去しない行為
　②または、事業者が勧誘している場所から消費者が退去したいと求め
たにもかかわらず、消費者の退去を困難にする行為
　により、消費者が困惑したことによって、契約を締結した場合をい
います。

■困惑類型の判例（札幌地判平 17.3.17）
展示会場において、消費者が宝石貴金属の販売会社従業員に対して帰宅したいと告げたにもかかわらず勧誘を続けられたため、同社からネックレスを購入、その支払いのために、クレジット会社との間で立替払い契約を締結した事案について、勧誘は消費者契約法5条の受託者などの代理人による媒介に当たるとし、同法4条3項2号（退去妨害による契約の取消）によるクレジット契約の取消を認めました。

■ 消費者の利益を一方的に害する契約条項の無効

　事業者と消費者の間において任意の契約が成立していても、消費者の利益を一方的に害する条項は無効とされます。

　例えば、正当な理由がないのに、消費者からの解除・解約の権利を制限する条項、消費者の一定の作為または不作為により、消費者の意思表示がなされたものまたはなされなかったものとみなす条項などは無効となります。

　後者の例としては、会員契約で、会員に商品を一方的に送りつけ、購入しない旨の連絡をしないと購入したとみなす条項がこれに該当します。

　なお、消費者契約法は、会社対個人（消費者）に適用されるものであり、会社対会社の取引には適用されません。これについては、不正競争防止法など他の法律により規制されています。

　会社は利益を求めて活動する企業体ですが、消費者を不当に犠牲にして利益を追求することは認められないことです。また、そのような商法は長続きしません。会社の持続的発展のためにも消費者契約法は遵守されなければなりません。

カーショップから
高額の違約金を請求された

——相談者 32 歳（男性）のケース

• 入荷業務を行っていない場合は支払う義務はない

Q カーショップにて気に入っていた車があったので、即座に購入契約を締結しました。契約書には契約をキャンセルしたら、違約金として車の代金 240 万円の 15％を支払う旨の記載がありました。翌日気が変わり、契約を解除したいと申し出たところ、違約金として 36 万円を支払えと言われました。

A 随分高い違約金ですね。カーショップが中古車の入荷について、具体的業務を行っていなかったとしてお答えしますが、この場合は、相談者は違約金を支払う義務はないと思われます。消費者と事業者の間のすべての契約には「消費者契約法」という法律が適用され、この法律が契約書の記載内容に優先します。事業者と消費者の間には、情報量や交渉力などの点において大きな格差が生じているので、消費者を守るためにできたのが消費者契約法です。消費者契約法には、違約金を定める契約をした場合でも、その金額が、解除の理由や時期などの区分に応じ、当該事業者に生ずる平均的な損害額を超える部分については、この超える部分につき、無効にするという内容が定められています。

　ですから、もし、カーショップが、取り寄せを頼まれた中古車の入荷のために相当の業務を必要とし、そのために、すでに費用などが相当かかっているようであれば、その限度で違約金を支払うことになりますが、それを超える部分については支払い義務がないことになります。今回は費用がかかっていないと思われるので支払い義務はないことになります。

第5章

時 効

時効には
消滅時効と取得時効がある

ポイント
13

　民法には時効の制度として、消滅時効と取得時効の制度があります。前者は、一定期間権利を行使しないことによってその権利が失われる場合、後者は、逆に一定の要件を備えた占有が継続することにより権利が取得される場合をいいます。

　こうした時効の制度が設けられた理由は、以下の３点にあります。

> ①取引の安全です。永年事実状態が継続すれば、社会はそれを正当なものと信頼し、そのうえに法律関係を積み重ねることになります。それを後日覆すことは法的安定性を害します。
> ②立証の困難性です。時の経過により真実確認のための証拠が散逸してしまいます。
> ③「権利の上に眠る者」保護せず。永年権利を行使せず、いわば権利の上に眠るような者は法的に保護する必要なしということです。

　この度の民法改正により消滅時効について大幅な変更がありました。それについては次の ポイント 14　P69 に譲るとして、ここでは、取得時効を中心に述べていきます。

■ 所有権の取得時効は原則 10 年

　例えば、Ａ社が社屋建設のために土地をＢから購入したとします。Ａ社は、Ｂとの売買契約書や実際の測量図による境界線を示されて購入したが、真実の境界線は購入した土地の内側にあり、両境界線に挟まれた土地（Ｃ地）は隣地の人（Ｄ）の所有であることが後に判明した場合を想定しましょう。

　A社がC地について、自分の土地と思って占有を10年以上続けていた場合には、C地はA社の所有となります。Dの所有物ではなくなります。これを時効取得といいます。

　時効取得が成立するための要件は、①所有の意思があること、そして②特に何も問題なく平穏に（善意・無過失といいます）10年間占有を継続することです。また、善意・無過失でなくても、20年間占有を継続すれば取得時効は成立します。

　所有の意思が必要ですから、他人の物と知りながらいくら長期にわたって占有をしても、時効取得は成立しません。例えば建物賃貸借契約の借主が何十年も同建物を借り続けていても、借主が同建物を時効取得することはありません。

■ 所有権以外の財産権も取得時効

　所有権以外の財産権、例えば、賃借権、地上権、地役権、知的財産権の一部（著作権）などについても取得時効が認められています。

　これらの場合には、占有ではなく、事実上の権利の行使が継続していることが必要です。これを「準占有」といいます。もちろん、所有権の取得時効と同様に、自らに帰属する権利として認識しながら権利を行使し続けていることが必要です。

■ 時効完成によりはじめに遡って権利を取得する

　時効取得するためには、時効完成後、相手方に対して時効の主張（これを「時効援用」といいます）をしなければなりません。そうすると、時効を援用した者は、所有権ないしその他の財産権を、時効期間のはじめに遡って取得することになります。

　ただし、時効取得した権利を第三者に対抗するためには、登記などの対抗要件が必要です。先の例でいえば、A社が時効取得したC地の所有

権を第三者に自分の土地と主張するためには、Ｃ地の所有権登記がＡ社となっていなければなりません。なお、Ａ社は相手方である隣地のＤに対しては登記なくしても、Ｃ地を自分の土地であると主張できます。

■ 時効中断

　時効取得が成立するための占有ないし準占有は、時効期間中継続しなければなりません。占有の喪失のことを、取得時効の中断といいます。この場合はそこで時効の進行はストップし、再度占有を開始したときは、その時点から時効が進行することとなります。

　また、占有は、相続により承継されます。中断にはなりません。

14 債権の消滅時効は 原則5年と10年に統一された

■ 職業別短期消滅時効を廃止、原則5年と10年

　債権または所有権以外の財産権は、時効により消滅します。所有権は時効により消滅することはありません。

　債権を何年行使しなかったら時効消滅するのかについて、旧民法は、個人間の債権は10年としながら、職業別に短期消滅時効を定めていました。いわゆる「飲み屋1年、売買2年、請負3年」などと言われるものです（飲み屋からの代金請求は1年で消滅時効にかかる。売買代金は2年で、請負代金は3年で）。しかし、これらに対しては合理性がないなどと批判がありました。それで、この度、このような職業別短期消滅時効制度を廃止し、原則5年と10年に統一されました。また、商人間の取引に適用される商事時効も廃止されました。

　すなわち、債権の消滅時効は、下記のうちいずれか早く到来した方で時効が完成することになりました。

・債権者が権利を行使することができることを知ったとき（主観的起算点）から5年
・権利を行使できるとき（客観的起算点）から10年

　例えば、A社がB社にC商品を売却した際の売買代金ですが、その支払日を定めていれば、同売買代金債権は、同日から5年を経過したときに、消滅時効が完成します。「権利を行使することができることを知ったとき」が同支払日だからです。支払日を定めていなければ、C商品の引き渡しと代金支払いは同時履行が原則と思われますので、C商品引き渡し日から5年を経過したときに、消滅時効が完成することになります。

■ 債権・所有権以外の財産権

債権・所有権以外の財産権は、権利を行使することができるときから20年間行使しないときは、時効により消滅します。

■ 人身損害についての特則

人身損害についての賠償請求権については、特則が定められています。主観的起算点から5年は原則どおりですが、客観的起算点からは20年とされています。これは、できる限り生命・身体の保護を図る趣旨です。

■ 不法行為による損害賠償請求権は3年と20年

不法行為による損害賠償請求権は、次の2つの場合に時効によって消滅します。

・被害者またはその法定代理人が損害及び加害者を知ったときから3年間行使しないとき
・不法行為のときから20年間行使しないとき

ただし、前述したように、同じ不法行為に基づく損害賠償請求権でも人身損害の場合は、主観的起算点から5年なので、結局、物的損害は3年、人身損害は5年ということになります。

■ 人身損害——不法行為と債務不履行の損害賠償請求権の消滅時効は同じに

労働災害や医療事故の場合に、改正前は損害賠償請求権について、法律構成を不法行為とするか債権不履行とするかで消滅時効に違いがありましたが、改正により同じとなりました。いずれの法律構成をとっても、損害・加害者を知ったとき（主観的起算点）から5年、行為のとき（客観的起算点）から20年となりました。

◆損害賠償請求権の消滅時効の整理

	消滅時効の期間
債務不履行責任	①損害賠償請求権の発生を認識した時から5年 ②履行期（納入日等）から10年（ただし、人身傷害の場合は20年） ＊いずれか早い方の経過によって時効が完成する（以下同じ）
不法行為責任	①損害・加害者を知った時から3年（ただし、人身傷害の場合は5年） ②行為時から20年
製造物責任	①損害・賠償義務者を知った時から3年（ただし、人身傷害の場合は5年） ②引渡し後10年

※製造物責任は、 ポイント 23 P133 を参照。

◆例外

　他の法律により時効が定められており改正がなかったものについては従来どおりです。

　保険金請求権3年は、変更がありませんので、ご注意ください。

　労働者の賃金債権2年については、労働者保護の観点から延長が検討されており、令和2年4月1日からは当面の間、3年とされました。

■ 時効完成猶予と時効更新（時効障害事由）

　時効完成猶予は、時効の完成を猶予するものです。裁判上の請求等、強制執行等、仮差押え等は、時効の完成を猶予させます。また、催告も同様ですが、催告があったときから6か月を経過するまでは、時効は完成しません。

　また、確定判決による権利の確定や承認は、新たな時効期間の開始となりますが、これを「時効の更新」と呼んでいます。

■ 合意による時効の完成猶予

　権利についての協議を行う旨の合意が書面でされたときは、一定期間、時効完成が猶予されます。

■ 経過措置

　各事案について、旧法が適用されるのか改正法が適用されるのかの判断基準ですが、以下のようになっています。

①時効の援用については、債権の発生時を基準とします。すなわち、その原因である法律行為が施行日(令和2年4月1日)前にされたときは旧法が適用されます。

②時効障害事由については、その事由が発生したときを基準とします。債権発生時ではありません。

③協議による時効完成の猶予は、その合意が書面でされたときを基準とします。

④不法行為については、施行日に客観的起算点から20年または主観的起算点から3年を経過していなければ改正法が適用されます。これは、不法行為についての改正法が旧法よりも被害者を保護しているからです。

請求書を出し続けていれば
時効にかからないか?

——相談者 48 歳（男性）のケース

• 請求書を出し続けても時効は止まらない

Q 相手方の会社が請負代金を支払ってくれないので、請求書を出し続けています。請求書を出し続ければ、時効により権利がなくなってしまうことはないですよね。

A いいえ。請求書を出し続けているだけでは、時効は止まりません。請求書を出したり、督促したりという意思表示をしていれば、時効は止められると誤解されている方もいらっしゃいますが、間違いです。

時効完成前に請求書を出せば（催告）、その時から6か月を経過するまでは、時効は完成しません。

時効完成前に、裁判上の請求や支払督促などを行えば、これらが終了するまでは時効完成が猶予されます。

そして、確定判決または確定判決と同一の効力を有するものによって権利が確定することなくその事由が終了した場合にあっては、その終了のときから6か月を経過するまでは、時効は完成しません。

また、確定判決または確定判決と同一の効力を有するものによって権利が確定したときは、そのときから新たに時効期間が開始します（「時効の更新」といいます）。相手方から権利の承認があったときも同様に時効の更新となります。

第6章

債権回収の様々な方策

相手方から支払い延期を求められたときに対処するのがベスト

■ 突然の「破産申立通知」

　前兆無しに突然、破産申立人（相手会社）代理人弁護士から「破産申立通知」が来たときは、ほとんどの場合になすすべはありません。相手会社（相手方）からの回収を、破産手続きとは別に独自に行うことは原則不可能です。

　なぜなら、こうした場合には自社が相手方に対して有している債権は、裁判所（ないし破産管財人）による破産手続きの中において、法律に則って処理されることになるからです。

　自社ができることは、せいぜい以下のことです。相手方の所有する不動産に対し抵当権を設定していた場合は、同抵当権の実行をして債権回収を計ることができます。

　また、相手方が支払不能になる前より有していた自社に対する債権について「相殺」を行うことにより、実質的な債権回収を計ること。あるいは、相手方（債務者）以外の第三者に、相手方に代わって弁済してもらうこと（「代位弁済」）です。

■ 相手方から支払の延期を求められたらどうするか

1、現実化と確実化

　前述のように、破産申立通知が来たときには、すでにこと遅しということがほとんどです。ですから、相手方から支払延期の要請があったときは、これが債権回収の最初で最後の最大のチャンスと思う必要があります。

　債権回収方策としては、回収の「現実化」＝現時点で回収すること、回収の「確実化」＝将来の回収を確実にすることの2方策があります。これらについては、後に詳しく述べます。

2、出荷停止か出荷継続か

業者間での継続的取引の場合には、出荷を停止するか継続するかの判断をすぐに行う必要があります。

①相手方の信用調査をし、今後の支払も困難と判断すれば、即、出荷停止とすべきです。具体的には、内容証明郵便で、継続的供給契約の即時解除条項に基づき、契約解除を通知することになります。

②支払延期要請は一時的なもので、今後の支払いはなんとか大丈夫と思われると判断したときは、出荷継続となるでしょう。その際に、今後の取引につき現金決済とするのも一方法です。また、同債権について、連帯保証人を付けてもらうことも考えるべきです。銀行の連帯保証人になっている社長だけではダメで、他の資産ある人にもなってもらうことが必要です。

3、現実化の方策

債権回収の現実化の方策をいくつか紹介します。

ア　延期拒否

まずは、相手方の支払延期を拒否することです。延期を認めず、他から借り入れしてでも支払ってもらうことです。どういう選択をするかは、相手方と自社の取引関係にもよりますが、相手方と今後の取引の継続をするつもりがない場合はこれが最高の対応です。

イ　商品引上

自社の納入した商品を返品形式などで引き上げることです。動産売買の先取特権が自社にはありますので、他の債権者を害する詐害行為とはなりません。ただ、注意しなければならないのは、相手方の了解がないと窃盗罪が成立することになります。ですから、予め書面を作成して持っていき、返品処理承諾の署名・押印もらうことが必要です。

ウ　代物弁済

お金がないなら金銭以外の物で代わりに支払ってもらうことです。代

物の価値が債権額に比して高額過ぎるときは、暴利行為として無効となる場合もあるので、清算すべきです。

エ　代位弁済

債務者以外の第三者に代わって支払ってもらうことです。その際に注意すべきことが２点あります。

注意点

①原則として、代位弁済に対する債務者の同意書を取ることです。なぜなら、代位弁済は債務者の意思に反してはできない場合があるからです。

②第三者から他人に代位して弁済しているとの確認書を取ることです。なぜなら、第三者が自分に弁済義務があると誤信して支払った場合は、「非債弁済」ということになり、返還請求されるおそれがあるからです。

オ　代理受領

債務者の債務者（第三債務者）からの支払を代理で受領することのできる代理権を債務者からもらい、受領した代金を自社の債権の弁済に充てることです。

通常は、債務者から代金を受領できる権限を与えるという趣旨の委任状をもらって行いますが、債権者・債務者・第三債務者間の契約という形もあります。

カ　相殺

当社が相手方に対して反対債務を有しているとき、債権債務を対当額で消滅させる単独行為をいいます。注意点が３点あります。

注意点

①両債権が同種債権であり、債権者の債権が弁済期にあることが必要です（債務者の債権は弁済期になくてもよい）。

②不法行為に基づく損害賠償債務（当社が相手方に対して損害賠償債務を負っている場合）は、債務者（当社＝不法行為者）からの相殺はできません。

③給料債務は、債務者（会社）からの相殺は不可能です。給料で生活する労働者を保護する趣旨です。なお、最高裁判例は、「労働者の同意に基づくと認めうる合理的理由が客観的に存在すれば、合意相殺は適法」としています。

キ　債権譲渡

相手方（債務者）が第三債務者に対して有する金銭債権を譲り受けることです。二重譲渡されても勝てるように迅速に対抗要件（確定日付のある通知）を具備する必要があります。具体的には、債権者は、債務者から第三債務者に対し内容証明郵便にて債権譲渡通知を出してもらうことです。

そして、債務者による債権の二重譲渡があったときは、第三債務者への譲渡通知の到達日時が先の方が勝ちということになります。

なお、法人の金銭債権につき、法務局に備え付けられた債権譲渡登記ファイルへの登記（譲渡人と譲受人の共同申請）も対抗要件になります。これは、債務者の有する多数の債権の一括譲渡の際の対抗要件具備を簡略化するとともに、債権流動化の推進を図ろうとするものです。

■債権譲渡が争われた事例

2009年2月に経営破綻したＳＦＣＧが同一の巨額ローン債権を複数先に譲渡した。同一債権の譲渡を受けた新生、あおぞら、ＮＣＴの3信託銀行と日本振興銀行（振興銀）が争った。東京地裁は平成22年7月、信託銀行が譲渡登記を先に行っている以上、債権は信託銀行に帰属すると判示した。そして債権が振興銀に帰属することを前提として同行が回収した数千万円は不当利得に当たるとして信託銀行への返還を命じた。

週刊東洋経済によれば、こうした債権は多数あり、合計で300億円から400億円も存在するという。振興銀はこれらの債権を信託銀行に返還せざるを得なくなり、振興銀の倒産の一要因となったとされている。

4、確実化の方策

ア　人的担保（保証人ないし連帯保証人）

債務者に、債権の支払を保証してくれる人を付けてもらうことです。単なる保証人と連帯保証人があります。

両者の違いは、単なる保証人の場合には、債権者が請求してきたときに、「先に債務者に請求せよ」（「催告の抗弁権」という）、あるいは「債務者に弁済の資力がある」（「検索の抗弁権」という）と主張して、ひとまず支払義務を逃れることができることです。逆にいうと、連帯保証人の場合には、債権者が請求してきた場合には、このような抗弁を行うことができず、支払わなければなりません。

ただし、商人（会社）取引の場合には単なる「保証人」でも連帯保証人となりますので注意が必要です（商法511）。

また、会社が支払わないからと言って、代わりに取締役に支払えと請求することは原則できません。会社への債権に関して連帯保証人を付してもらうときは、社長だけではダメで、友人や親戚など資力ある他の人

も要求すべきです。社長はすでに銀行等の連帯保証人となっているのが通常で、支払能力を欠く場合が多いからです。

イ　物的担保

性質上以下の2つがあります。

法定担保
法律上当然に成立するものです。先取特権、留置権（商事留置権）などです。 ・先取特権の一例ですが、動産売買の代金につき、買主に引き渡した動産に及びます。 ・商事留置権は、例えば相手方が代金を支払わないとき、相手方から預かっているものを支払うまで返さないことができる権利です。
約定担保
相手方との約定により成立する担保であり、次のようなものがあります。 ・抵当権。不動産を債権の担保とするために当該不動産に設定するものであり、登記が第三者対抗要件（権利者が第三者に優先するための要件）となります。 ・質権。主として動産を債権の担保とするために当該動産に設定するものであり、占有が第三者対抗要件となります。なお、権利質は債権を質に取るものですが、第三債務者（質の対象となる債権の債務者）への確定日付ある通知が、第三者対抗要件となります。

　ところで、質物が営業用動産のときには、その動産が債権者に引き渡されるので、債務者の営業が困難になることになります。そこで、占有を債務者に留めるものとして、所有権留保と譲渡担保の制度があります。

所有権留保
例えば自動車の割賦販売で、代金完済まで売主に所有権を保留しておき、代金を完済してはじめて所有権が買主に移転する特約をするもの（元々、対象物は債権者所有）。 第三者対抗要件は、 i　登録制度があれば登録（例：自動車）、なければ、 ii　明認方法（例：機械にプラークを取り付ける）。

譲渡担保
所有権を一旦債権者に移し、債務者はそれを借りて利用し、債務を弁済すれば所有権を債務者に戻すものです（元々、対象物は債務者所有）。 第三者対抗要件は、 i　明認方法（例：A社（債務者）倉庫の入り口に「本物件は、A社がB社（債権者）に対し、平成19年8月20日、譲渡担保の目的物として差し入れたものである」との看板を打ち付ける）。 ii　法人の場合、動産譲渡登記ファイルに譲渡の登記をする。

ウ　債権の手形化

　売買代金債権などを約束手形に代えてもらい、不渡処分をバックに支払を強制することです。

エ　公正証書（＊執行認諾文言付）作成

　公正証書は、債務名義（執行を可能とする公正文書）となるので、確定判決を経ないで強制執行ができます。公証人役場にて作成してもらうことになります。相手方は支払わなければその財産に対して強制執行を受けることになるので、支払いを促すこととなります。

相手方が支払わなかったときは裁判も含めた対応が必要

■ 相手方が支払わなかったらどうするか

1、内容証明郵便

原則は、まず配達証明付き内容証明郵便 ポイント 2 P20 にて支払の督促をすることです。弁護士名を入れると、もし支払わなかった場合は裁判を起こされるかも知れないということが相手方に伝わり、弁護士名がない場合に比べて、効果は大きいと言えます。

内容証明郵便には、字数や行数などの決まりがありますので注意が必要です。電子内容証明サービスもあります。

2、保全処分（仮差押、仮処分）

相手方が任意では支払わない場合は、訴訟を提起し確定判決をもらうことが必要です。しかし、訴訟により判決が確定するまでは時間がかかります。その間に、債務者の財産が散逸してしまっては、せっかく勝訴判決を得ても無意味となってしまいます。

そこで、そのようなことがないようにするために、予め債務者の財産を保全しておくことが必要となります。これが保全処分（仮差押、仮処分）です。相手方（債務者）の売掛債権や相手方所有の不動産への仮差押が典型的な例です。

保全処分の決定を得るためには、

①被保全債権の存在（当方の主張する相手方への債権が存在していること）
②保全の必要性（仮差押の場合は、今仮差押をしておかなければ、将来の強制執行が不能または著しく困難になるおそれがあること）

を疎明しなければなりません。

（疎明：証明の程度に至らなくても良いが、一応確からしいという心証を裁判官に与える立証のこと）

また、原則として、担保の供託が必要となります。保全処分は本裁判を経ての（証拠調べ手続きを経ての）裁判所の判断ではなく、仮に行う判断なので、本裁判となったときに、逆の判断がなされることがあります。その場合には、保全処分を受けた債務者は、同処分により損害を被ることがあり、債権者に、損害賠償責任が生じることがあります。債権者がこの賠償責任に応えることができるように、予め担保を供託することが必要とされているのです。

供託金は、被保全債権の金額や仮処分対象物件の価額を基準に決められます。ケースバイケースですが、被保全債権の3割程度のことが比較的多いようです。

なお、とくに仮差押は、相手方（債務者）に知られないように密かに準備する必要があります。仮差押の対象となる売掛債権や銀行預金債権などを債務者が毀損してしまうおそれがあるからです。

3、即決和解

相手方の協力が必要ですが、訴訟提起前に簡易裁判所に対して和解の申立を行い、裁判所で成立した和解の内容を調書に記載してもらう方法です。長い裁判を経ることなく早期に強制執行のための債務名義を手に入れることができるという利点があります。

4、支払命令（支払督促）

金銭債権と一部の有価証券の請求に限られます。相手方（債務者）の住所地を管轄する簡易裁判所に「支払督促申立書」を提出し、裁判所は形式審査のうえ、相手方に支払督促を出します。相手方から2週間以内に異議がでなければ、債権者はそれから30日以内に裁判所に対して仮執行宣言を申し立てることができます。裁判所は、仮執行宣言付き支払督促正本を債務者に送達し、債務者から2週間以内に異議申し立てがなけれ

ば、債務名義が確定します。異議申立があると通常訴訟に移行します。

　簡便な債務名義の取得方法ですが、通常訴訟は、相手方の住所地を管轄する裁判所になるので、遠隔地になる場合もあり注意が必要です。

5、訴訟

　詳しくは述べませんが、手形訴訟、民事調停、民事訴訟、少額訴訟などがあります。

　少額訴訟は、訴額60万円以下の金銭支払いを請求の目的とする事件に限られ、原則1回の期日で審理完了し、直ちに判決を言い渡します。弁護士なしでもできる簡便な手続きなので、少額の場合は利用すべきです。

6、強制執行・財産開示手続

　債務者が任意に支払わない場合は、このようにして得た債務名義に基づき強制執行をせねばなりません。債務者の預貯金や不動産に対して強制執行をすることになりますが、これらの情報が不明な場合は、執行裁判所への申立てにより財産開示手続を行うことができます。銀行などの金融機関は債務者の預貯金債権を、登記所は債務者の不動産情報を開示することになります。

◆未払い対処の利点と注意点

対処	利点	注意点
内容証明郵便	相手方にプレッシャーを与えられる	書類の書き方に規定がある
保全処分	相手方の財産の散逸を防ぐ	相手方に知られないよう準備する
即決和解	早期解決が見込まれる	相手方の協力が必要
支払命令	「支払督促申立書」が認められれば比較的簡単	裁判所が遠方になる場合がある

相手方が無資力のときは 他からの回収方法を考える

相手方から取り立てしようにも相手方が無資力のため、相手方からの回収が困難なときは、どうすればいいでしょうか。

ポイント **15** **P76** で述べました「現実化の方策」「確実化の方策」の中で使えるものは使います。その他のものとしては以下の方法があります。

■ 債権者代位権の行使

債務者（相手方）がその財産権を行使しない場合に、債権者がその債権を保全するために、債務者に代わってその権利を行使して、債務者の責任財産の維持・充実を図る方法です。

行使のためには、次の3つの要件を満たす必要があります。

①債権者が自己の債権を保全する必要があること

言い換えると、債務者が無資力であることが必要です。ただし、保全されるべき権利が登記請求権である場合のように、債権者代位権行使の転用型は、無資力要件は不要です。

②債務者（相手方）が自らその権利を行使しないこと

債務者が自ら訴訟をしたが不適当な方法でやったため敗訴したというような場合、それがいかに債権者に不利益であっても、債権者はもはや代位権行使の余地はありません（最判　昭 28. 12. 14）。

③債権が原則として弁済期に達していること

弁済期に達していない場合は債権の行使ができないからです。

■ 詐害行為取消権（債権者取消権）の行使

　債権者は、債務者（相手方）が債権者を害することを知ってした法律行為（これを「詐害行為」といいます）の取消を裁判所に請求できます。債務者による詐害行為の効力を否認し、逸出した財産を取り戻すことになります。

　判例をひとつ紹介します。

■詐害行為の判例（最高裁　昭和 39. 11. 17）

債務超過の債務者が、特にある債権者（当方とは異なる他の債権者）と通謀して右債権者のみに優先的に債権の満足を得させる意図で自己の有する重要な財産を右債権者に売却して、右売買代金債権と右債権者の債権とを相殺する旨の約定をした場合には、たとえ右売買価格が適正価格であるとしても、右売却行為は（当方に対しての）詐害行為になります。

■ 危険な兆候の見分け方

　これまで、債権回収の様々な方策について述べてきましたが、可能であれば、相手方の支払い能力がなくなる前に相手方との取引をやめておくのが最善です。

　すなわち、相手方の倒産により、当方の債権の回収ができなくなる前に、相手方の危険な兆候を発見し、回収不能となる売掛債権を発生させないようにすることが重要です。そこで、その兆候のいくつかを挙げます。

　①取引先の事務所、工場の雰囲気がゆるんでいる、活気がない。ほこりをかぶった場所がそのままになっていたり、壁の紙が黄色になっている。

　②経営者が不在がち（資金繰りのために走り回っている可能性が高い）であるとか、突然態度が大きくなったりする（経営の苦しさを隠す）。

　③従業員の動き（退職者が多い、経理がよく変わるなど）。

　④注文量が急に増える。これは、他の取引先から取引を拒否されてい

るから当方に回ってきたのかも知れません。また、取り込み詐欺の可能性もあり、要注意です。

　⑤取引先の異常な安売り、出血受注。これは、倒産後の処理のために、無理をして現金を作っている可能性があります。

　⑥不動産に担保が幾重にもついていること。特に、高利の金融業者名の担保が付いていれば要注意です。通常の金利では金を貸してもらえないような経営状態なので高金利に手を出さざるを得なくなったことを示している可能性があります。

　⑦支払条件の変更要請（延期）、手形の書き換えによる支払猶予の申し入れ。

　⑧取引先の主な取引先の倒産。同倒産により取引先自身が連鎖倒産する可能性があります。

　⑨悪いウワサが出始め、その回数が多くなった。例えば、取引銀行の交替、第二会社への資産移転、粉飾決済、高利に手を出したなどのウワサです。

経営が苦しく
手形が不渡になりそう

——相談者 62 歳（男性）のケース

• 1回の不渡で即倒産にはならないが銀行からの信用は落ちる

Q 会社経営者として頑張ってきましたが、ここに来て手形の不渡を出しそうです。手形の不渡を出してしまうと、即倒産ということになってしまうのでしょうか？

A 手形の不渡りとは、簡単に言うと、手形に書かれた支払期日までに、一定の金額が支払われない場合のことをいいます。倒産の可能性が高くなりますが、手形の不渡を一回出しても、即倒産ということにはなりません。手形の不渡りを一回出すと、不渡の事実が全銀行に知れ渡ります。一回目の不渡は、これだけです。しかし、これだけとはいえ、全銀行に知られることとなりますから、金融機関からの信用は著しく落ちてしまいます。一回でも不渡を出してしまうと、その後の借入れや手形割引などが困難になるということです。

　そして、一回目の不渡から6か月以内に、もう一度不渡を出すと、「銀行取引停止処分」となります。「銀行取引停止処分」も正確には「当座預金取引停止処分」ですから普通口座は利用できます。また、現金取引もできないわけではありませんから、商売を続けることができないわけではありません。

　法律用語に「倒産」という言葉はありません。倒産とは、一般的には、会社が支払困難となって、経営を続けていくことができなくなる状態です。倒産手続きにも裁判所への予納金や弁護士費用がかかります。倒産の危険を感じたら、弁護士に早めに相談されることをお勧めします。

父の代から続いた会社を
整理したいが……

——相談者 49 歳（男性）のケース

● 会社の倒産手続きをするにも諸費用が必要

Q 長年、父と共に頑張ってくれていた従業員も皆、定年を迎えたのを機に、会社を整理しようと考えています。会社をたたむ際に必要な手続きなどを教えていただけませんか？

A もっとも一般的な方法は、自己破産です。通常は、会社と社長であるご自身の自己破産手続きが必要です。自分でできないことはないですが、裁判所への書類提出、出頭、債権者への対応など様々な処理が必要となりますので、弁護士に相談し、手続きを進めてもらうべきです。

　会社が倒産手続をするにも、諸費用がかかります。まず、裁判所に納めなければならない予納金というものがあります。これは、破産申立後に破産管財人が選任されるのですが、その破産管財人の費用として納めるものです。この破産管財人が、破産申立人の「財産の管理・調査・評価・換価・処分」を行い、各債権者に法律にのっとって配当手続きを行っていく…という業務を担うことになります。費用は裁判所により異なりますが、原則最低 100 万円、ただし、申立代理人が債権回収など多くのことを行っている場合は 50 万円に減額されたり、破産管財人が行う業務が極端に少ない場合は 30 万円という例外もあります。また、申立代理人となる弁護士に支払う弁護士報酬金も必要になってきます。これが通常最低でも 50 万円程度、多くは 100 万円以上かかると思っていた方が良いと思います。早めに弁護士に相談し、必要な資金をどう確保するか検討すべきです。

もしもの時のために
事業譲渡について教えてほしい

——相談者 53 歳（男性）のケース

● 合意のもと事業自体を譲り渡すことが事業譲渡

Q もし会社がつぶれてしまったら、多くの従業員を路頭に迷わすことになります。銀行への債務の連帯保証をしている自分が自己破産することはしかたないとしても、会社の事業を守り、従業員の雇用を守る方法として事業譲渡があると聞いたのですが。

A はい、確かに、事業自体を守り雇用を守る方法の一つとして、「事業譲渡」という選択肢があります。事業譲渡とは、一般的には、会社が事業を取引行為（特定承継）として他に譲渡する行為をいいます。事業の譲渡ですから、会社の所有している不動産や機械など動産の個別財産の譲渡ではなく、営業目的のために組織化され、有機的一体として機能する財産……すなわち、個別財産はもちろん従業員や得意先関係など含めての事業の譲渡ということになります。

　事業を譲り渡す会社を譲渡会社（じょうとかいしゃ、ゆずりわたしかいしゃ）、事業を譲り受ける会社を譲受会社（じょうじゅかいしゃ、ゆずりうけかいしゃ）といいます。読み方は両方あるようです。

Q 実際、どんな手続きが必要ですか。

A 事業譲渡をするためには、その事業を譲り受けてくれる会社……無料ということはほとんどないから、その事業を買ってくれる会社ということになりますが、

……譲受会社を探す必要があります。事業譲渡の対価がいくらになるかは、公認会計士などの協力を得て計算し、譲渡会社と譲受会社との間で、合意を得る必要があります。

　その後、株主総会 ポイント 29 P157 の特別決議を経る必要があります。

　その際、事業譲渡に反対の株主は、会社に対して株式を公正な価格で買い取ってもらうように請求することができます。

　その後、譲渡会社と社長個人は自己破産手続をすることが多いと思います。その場合には、事業譲渡について譲受会社から受け取った代金は、譲渡会社の債権者への配当財源となります。

■譲渡会社と譲受会社の関係

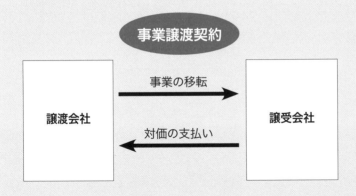

第7章

インターネット上の問題

契約の成立は電子消費者特例により規制されている

　インターネットビジネスの特色は、不特定多数を相手とすること、相手の顔が見えないこと、大量の情報を扱うこと、迅速な伝達ができること、国際的な広がりを持てることですが、不正アクセスや誹謗中傷が起こりやすいといった問題点もあります。

　こうした事情を踏まえてインターネット上の契約については、特別なルールがあります。まず、それを説明します。

■ 適用される法律・裁判管轄

準拠法・裁判管轄

　当事者間で取り決めがあるときは、それに従いますが、取り決めがないときは、当該法律行為に最も密接な関係がある国の法によることになります（法適用通則法8条）。

　また、インターネットショッピングの場合には、約款で、準拠法や裁判管轄を定めていることが多いので、それに従うことになります。

■ インターネット上での契約の成立

1、成立時期

　①原則は「申込」と「承諾」という両当事者の意思表示の合致があったときです。この点は通常の契約成立と同じです。

　②インターネットショッピングの場合には、消費者保護の観点から「電子消費者契約及び電子承諾通知に関する民法の特例に関する法律」（電子消費者特例）が適用されます。

　それによると、業者の承諾の通知が消費者に到達したときに契約成立となります。ここでいう、「消費者に到達したとき」とは、消費者がメー

ルサーバーにアクセス可能となった時点をいいます。ですから、消費者が業者からの承諾通知メールを見ていなくても、契約は成立したことになります。

　法律上の整理をしますと、業者のサイト上での商品展示は消費者に対しての契約「申込の勧誘」ということ、これに対する消費者の商品クリック・送信が、契約の「申込」となり、業者の返信が同「申込」に対する「承諾」で、ここで契約が成立ということになります。

2、署名・押印

　一般的な場合と同様に、ここでも、署名・押印は契約成立の要件ではありません。念のため、別途書面で署名・押印することもあります。

3、書面を要する契約（建設の請負契約、農地の賃貸借契約など）

　電子メールは書面に当たらないとされているので、これら（上記2例）についてはメールのやり取りのみでは契約は成立しません。しかし、書面を要する契約すべてを同様に扱うと、せっかくのインターネットの利便性が失われることとなります。

　そこで、「書面の交付等に関する情報通信の技術の利用のための関係法律の整備に関する法律」（IT書面一括法）は、例外的に書面なしで契約成立となる規定を定めています。特定商取引に関する法律や保険業法、旅行業法など消費者保護の見地から業者に書面交付を義務付けているもの（関係法律全50本）につき、書面の交付に代えて、顧客の承諾を得て、書面に記載すべき事項を情報通信の技術を利用する方法により提供することができることとしたのです。

■「電子消費者特例」

　電子消費者契約及び電子承諾通知に関する民法の特例に関する法律（電子消費者特例）では、操作ミス・軽率なクリックからの消費者保護を定めています。

　すなわち、事業者による確認措置の提供がなかった場合等について、取引の安全性を保護する民法95条3項（重過失者の錯誤取消排除＝間違ってクリックしてしまったから契約は錯誤で取消だという主張は、重過失によるクリックなので排除されるということ）の適用が排除されます。

　事業者は、消費者が最終的な申込となるボタンを押す（クリックする）前に、契約内容を表示してそこで訂正・確認する機会を与える画面措置をとることにより、取引安全を確保する必要があるのです。この措置をとらなかった場合には、消費者からクリック（契約成立）について、錯誤取消の主張を受ける可能性があります。

◆消費者側から見た契約成立の流れ

突然アダルトサイトから
高額の料金請求が！

——相談者 29 歳（男性）のケース

• 事業者からの充分な確認措置がない場合は契約取消となる

Q 休日出勤の休憩中に、興味本位でアダルトサイトにアクセスし、エロ動画を見ていたら、突然『登録ありがとうございました。つきましては、１週間以内に年会費 30 万円をお支払いください。解約する場合は電話かメールをください。』とのメッセージが画面上に表示され、この画面が消えなくなり仕事に支障がでました。支払う必要があるのでしょうか。

A これは、おそらくアダルトサイトを利用した詐欺行為と思われます。相談者の方に、年会費や解約料の支払義務はないと思われます。一般的には契約は申込みと承諾により成立します。しかし、ネットでの契約の場合、軽率にクリックしてしまうことがあります。そこで、「電子消費者契約特例法」では、事業者が契約内容についての最終的な確認画面を示して、消費者(ここでの相談者ですが)が、これを確認した上でクリックするような措置をとらないと、最終的に有効な契約には至らないとされています（錯誤による取消が可能ということ）。

　決して騙されて料金を支払わないようにしてください。また、業者のメッセージ画面がパソコンから消えなくなった場合は、パソコン業者に依頼して消してもらうようにしてください。

■ 電子署名とは

インターネット上においては、相手方と直接面談することがないことから、実在する企業や組織の名をかたって、顧客の個人情報や財産を騙し取ろうとするいわゆる「フィッシング詐欺」が発生しています。これは送信元の詐称されたメールが原因ですから、送信元企業は「セキュリティ対策が不十分な企業」と認識されます。

こうした事態を防止するために、考案されたのが、電子署名です。すなわち、電子署名とは、電子商取引における相手方確認（同定）の一方法であり、「電子署名及び認証業務に関する法律」が制度を定めています。

■ 具体的な仕組み

 まず、制度を利用しようとするＸ社が認証機関（ｅｘ日本ベリサイン）に対し、電子証明書の発行を申請します。

 認証機関は、Ｘ社に電子証明書を発行します。

 Ｘ社は、電子証明書を使って、メールに電子署名を付けて、相手方Ｙ社に送り契約を申込みます。

④ Ｙ社は、電子署名・電子証明書により、発信元がＸ社であることを確認します。

こうしてＹ社は、送られてきたメールが、Ｘ社からのものに間違いないことを確認できることになります。

■ 誹謗中傷行為

　インターネット上での誹謗中傷行為については、通常不特定多数への公表となるので、名誉毀損を理由として、民事・刑事上の責任の追及ができます。また、記事掲載差止仮処分などの手を打つこともできます。相手方が特定されていればその相手方に対して請求をすれば足りるのですが、相手方が特定できていない場合は、困難を伴うことも少なくありません。

　相手方が特定できていない場合でも、プロバイダーの責任を追求できる場合があります（なお、プロバイダーとは、自分が使用しているインターネット回線をインターネットにつなぐ業者のことで、ビッグローブやニフティなどのことです）。これは、「特定電気通信役務提供者の損害賠償責任の制限及び発信者情報の開示に関する法律」（プロバイダー責任制限法）に規定されています。

■ プロバイダーの対被害者責任

　プロバイダーは、送信防止措置を講ずることが技術的に可能で、かつ①他人の権利が侵害されていることを知っていたときか②違法情報の存在を知っており、他人の権利が侵害されていることを知ることができたと認めるに足りる相当の理由があるときでなければ、情報を削除しなくても、責任を問われません。

■ プロバイダーの対発信者責任

　プロバイダーは、講じた送信防止措置が必要な限度のものであり、かつ①他人の権利が侵害されていると信じるに足りる相当の理由があったときか②権利を侵害されたとする者から違法情報の削除の申出があったことを発信者に連絡し、7日以内に反論がない場合であれば、情報を削除しても、責任を問われません。

　逆に言うと、被害者や発信者は、上記以外の場合であれば、プロバイダーに対し、その責任を追及できるということになります。

■ 著作権侵害

　インターネット上の表示により他人の著作権を侵害した者に対しては、通常の著作権侵害と同様に、民事刑事上の責任追及が可能であり、また、差し止め請求もできます。あるいは、プロバイダーへの要求や責任追求も前述同様に、可能です。

■ ハッカー

　「不正アクセス行為の禁止等に関する法律」（不正アクセス禁止法）により規定されています。

　禁止される行為は、

　①他人のIDやパスワードを用いて侵入する

　②セキュリティーホールを突いて侵入する

　③他人のIDやパスワードをその他の人に広める

　なお、システムへの不正侵入（ハッカー行為）は、3年以下の懲役または100万円以下の罰金となっています。

第8章

その他、知っておくべき法律

独占禁止法は
中小企業を守るための法律

　「独占禁止法」というと大企業が市場を独占するのを禁止する法律であり、中小企業は関係ないのでは、と思われる向きもあるかと思いますが、そうではありません。

■ 中小企業を保護するためにもある独占禁止法

　確かに、同法は大企業による独占も禁止していますが、同法の正式名称は「私的独占の禁止及び公正取引の確保に関する法律」といい、大企業の不当な行為から中小企業を守る（公正な取引を確保する）という側面もあるのです。

1、独占禁止法の目的

　独占禁止法は何のためにあるか。自由市場経済は、事業者間の競争を通じて運営されるのが最も効率的という考え方に基づいて、競争政策を実現するものです。それによって、国民全体の利益（一般消費者の利益）が確保されることにもなります。

　独占禁止法は、公正で自由な競争を促進する目的を達成するために、事業者が競争を制限したり、公正な競争を阻害するおそれのある行為を禁止して、違反行為があればそれを排除することによって、市場における競争の秩序を維持・回復することを目的としています。

2、公正取引委員会

　そして、この独占禁止法を運用するための国の行政機関が公正取引委員会です。同委員会は、違反の疑いがあったときは、事情聴取・資料収集を行い、弁明の機会を付与し、最終的には同違反行為を止めるように「排除命令」を発します。

■ 独占禁止法の3本柱

同法により禁止される行為は次の3つです。①私的独占、②不当な取引制限、③不公正な取引方法です。

1、私的独占

例えば、キリンビールとサントリーの統合問題のように、企業同士が統合する場合に市場を独占してしまうおそれがある場合や、国内大手航空会社が、新規参入者の設定した割引運賃と同額またはこれを下回る運賃を設定することにより、新規参入を妨害するおそれがある場合などに問題となります。

2、不当な取引制限

カルテルや入札談合のことです。カルテルとは、企業間の価格などの協定のことをいいます。同業者が一緒になって販売価格や供給数量などの競争を制限して、市場をコントロールすることです。

入札談合とは、入札参加者が予め話し合って受注予定者や受注価格を決めることです。談合などにより不当な取引制限をした者は、5年以下の懲役または500万円以下の罰金に処せられることとなります。

不当な取引制限は、二つ以上の事業者が共同して競争を制限しようとする合意がある場合に成立します。この「合意」は広い意味で使われており、話し合いの中で、皆が他の同業者がどういう行動をとるか予測して、これらと歩調を揃えようと考えている場合（「暗黙の合意」といいます）や、話し合いの会合などに出席していなくても、参加者から連絡を受けて合意に従えば、不当な取引制限に該当しますので、注意が必要です。

◆行政機関への処罰規定は？

独占禁止法は、事業者または事業者団体の行為を禁止の対象としているのみで、公共工事の入札を実施する行政機関の処罰は対象となっていません。行政機関の職員に対しては、「入札談合等関与行為の排除及び防

止並びに職員による入札等の公正を害すべき行為の処罰に関する法律」
が制定されており、同法に従って処罰されます。

3、不公正な取引方法

自由で公正な競争を確保するため、次のような行為が禁止されていま
す。「不公正な取引方法」の主要な類型について、以下述べていきます。

①取引拒絶

事業者が、ある特定の事業者に対して、正当な理由がないのに取引を
停止したり、注文数量に応じなかったり、その他取引の内容を制限する
ことを「取引拒絶」（ボイコット）といいます。

例えば、小売業者が共同して、メーカーに対して、安売りをしている
特定の小売業者に商品を供給しないように要請することです。あるいは、
競争者を市場から排除するための手段として取引を拒絶することです。

②差別対価・差別的取扱い

地域や取引先によって、著しく異なる価格で取引をすることを「差別
対価」、価格以外の取引条件で著しく有利または不利に扱うことを「差
別的取扱い」といいます。

例えば、有力な事業者が、競争者を排除するために、その競争者と競
合する販売地域に限ってダンピングを行ったり、競争者の取引先に対し
てのみ廉売を行うなどして、競争者の参入を妨げたり市場から排除した
りする行為をいいます。

③不当廉売

正当な理由がないのに、商品の仕入価格以下で販売するなど、供給に
要する費用を著しく下回る価格で継続して販売することにより、他の事業
者の事業活動を困難にさせるおそれのある行為を「不当廉売」といいます。

例えば、多種類の商品を扱っている大規模小売業者が客寄せのために
「目玉商品」として、特定の商品を破格の値段で販売する場合があります。
店に来たお客が他の商品も買うので、その店全体としては利益が出ます

が、安売りとされた商品だけを扱っている周辺の小売業者は、太刀打ちができません。大規模小売業者がこうした行為を継続して行う場合は不当廉売に該当する可能性があります。

④ぎまん的顧客誘引

商品の内容や取引条件について、実際のものや競争者のものよりも、著しく優良である、または有利であると顧客に誤認させることによって、顧客を獲得しようとする行為を「ぎまん的顧客誘引」といいます。

誇大広告や虚偽表示がその典型例ですが、詳しくは「景品表示法」により規制されています。

⑤不当な利益による顧客誘引

正常な商慣習に照らして不当な利益を提供することにより、顧客を獲得しようとする行為を「不当な利益による顧客誘引」といいます。

典型例が過大な景品付き販売ですが、詳しくは「景品表示法」により規制されています。

⑥抱き合わせ販売等

ある商品やサービスを販売するに際し、他の商品やサービスを一緒に購入させる行為を「抱き合わせ販売」といいます。商品と商品を抱き合わせる場合の他、商品とサービスを抱き合わせる場合も含まれます。

「抱き合わせ販売」としてかつて問題となった事例としては、ソフト製作会社が、パソコン製造販売業者に対して、表計算ソフトをパソコンに搭載して出荷する権利を許諾する際に、ワープロソフトを併せて搭載させることにしたものがあります。

⑦排他条件付取引

自社の商品と競合する商品（競争者の商品）は取り扱わないことを条件として取引することをいいますが、特にメーカーが卸売業者や小売業者に対して自社の製品だけを扱わせることを、「専売制」といいます。

この場合すべてが違法となるのではなく、市場における有力なメーカーが流通業者に対し、競争品の取り扱いを禁止することによって、（メーカーの）新規参入者や既存の競争者が、代替的な流通経路を容易に確保することができなくなるおそれがある場合に違法となります。

なお、「市場における有力なメーカー」というのは、一般的には、当該市場でのシェアが 10％以上または順位が上位 3 位以内であることが一応の目安とされています。以下同様です。

⑧再販売価格維持行為

メーカーなどが自社商品の小売り価格（メーカーから見ると再販売するときの価格）を定めて、取引先の小売業者にその価格で販売させることを「再販売価格維持行為」といいます。

メーカーが設定する小売希望価格が、流通業者・小売業者に対する単なる参考として示されている限りは違法となるものではありません。しかし、メーカーが何らかの人為的な手段によって、流通業者・小売業者による販売価格を実質的に拘束しているような場合は違法となります。

例えば、メーカーが示した価格で販売しない場合に、流通業者・小売業者に対し、経済上の不利益を課したり、課すと示唆する場合は、実質的な拘束があり、再販売価格維持行為として違法になります。

ただし、書籍、雑誌など一定の商品に対しては例外もあります。

⑨拘束条件付取引

　メーカーと販売業者との商品販売契約において、メーカーが販売業者の事業活動について、販売価格以外について、条件をつけて取引することを「拘束条件付取引」といいます。

　販売業者に対して課される条件としては、①販売地域の制限、②販売先の制限、③販売方法の制限の3つがあります。

　これらは、直ちに独占禁止法違反となるものではありませんが、一定の条件の下で違法となります。

⑩優越的地位の濫用

　取引上の地位が相手方に優越していることを利用して、正常な商習慣に照らして不当に、取引の条件や実施について相手方に不利益を与える行為を「優越的地位の濫用」といいます。「優越的地位」というのは、市場において優越していることではなく、取引の相手方に対して相対的に優越している地位のことをいいます。

　例として、百貨店、スーパー、専門量販店等の大規模小売業者と納入業者との間の取引について説明します。納入業者は、商品を小売業者に継続的に納入してもらいたいばかりに、小売業者の不当な要求にも応じざるを得ないという関係にあるのです。次のような例があります。

押し付け販売	小売業者が自分の店で売っている商品やサービスを納入業者に買わせること
不当な返品	小売業者のＰＢ商品を返品したり、期末在庫整理のため、売れ残った商品を返品すること
従業員の派遣の要請	小売業者が自社の開店準備や棚卸などを行わせるために、納入業者に従業員を派遣させたり、同派遣に代えて小売業者が雇用したアルバイト費用等を納入業者に負担させること
協賛金など負担要請	納入業者の商品の販売促進とは関係のない催事や売場改装の費用負担や小売業者の決算対策のための協力金の要請など

⑪競争者に対する取引妨害

　国内の競争者とその取引相手との取引を不当に妨害する行為を「競争者に対する取引妨害」といいます。

　例としては、メーカー系の保守・販売業者が、同メーカーの機器の保守業務を行っている独立系の保守業者に対して、交換部品の納期を大幅に遅らせたり価格をつり上げたりして、独立系の保守業者の保守業務の円滑な遂行を妨げているような場合です。

⑫事業者団体の活動規制

　組合、工業会、協会などの事業者団体は、①団体としての意志決定によって、構成員の取引価格や数量、販売地域などを制限したりして競争を実質的に制限すること、②一定の事業分野における事業者の数を制限すること、③競争の実質的制限に至らない場合でも、取引数量、販売地域、販売方法などの制限により公正な競争を阻害すること、④他の事業者に不公正な取引方法をさせること、を行った場合は、独禁法違反となります。

　ただし、中小企業等協同組合のように、小規模事業者が相互の助け合

いを目的として、任意に設立され、加入脱退が自由であり、組合員が平等の議決権を持ち、利益の配分限度が法令か定款に定められている場合は、独禁法の適用が除外されています。

「企業結合の規制」は省略します。

■ 独禁法に違反するとどうなる

行政上は、行政調査権限による調査があります。

公正取引委員会（公取）の審査官は、事業者の事務所などに立ち入り、帳簿等を検査し、それを提出させ、関係者に出頭を命じて事情を聴取することができます。審査の結果、違反行為が認められると、あらかじめ、証拠を提出する機会が付与された上で、排除措置命令が出されます。

事業者は不服のときは、60日以内に審判を請求できます。

刑事上は、犯則調査権限による調査があります。刑事罰にかかる犯則事件を調査するため、公取の職員は、裁判官の発する令状に基づき、臨検（その場に臨んで帳簿等を検査する）、捜索または差押えができます。そして、悪質・重大な事案については、刑事告発が行われることとなります。

◆公正取引委員会の調査

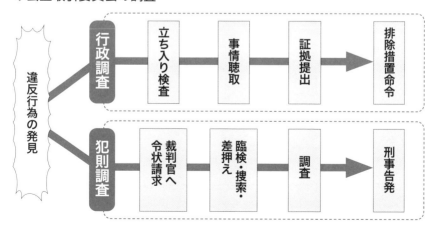

1、課徴金制度

価格に影響のあるカルテル（入札談合を含む）を行った事業者に対して、金銭的不利益を課す制度です。カルテル期間中の対象商品の売上高の1％から10％の課徴金が課せられます。

カルテルを根絶するための方策として、事業者が公取の調査前に自ら報告及び資料の提出を行った場合には、課徴金が減免されるという制度もあります。1番目の事業者は全額免除、2番目の事業者は50％、3番目の事業者は30％減額されます。調査開始後でも、減免を受ける事業者が3社に達していない場合は、その総数が3社に達するまで30％減額が行われます。

2、刑事罰

カルテル（不当な取引制限、事業者団体の競争制限）及び私的独占の罪については、違反行為を行った者は、5年以下の懲役または500万円以下の罰金、法人は5億円以下の罰金です。

なお、不公正な取引方法（再販売価格維持行為や優越的地位の濫用など）に係る行為については、刑罰の規定はありません。

3、差止請求

独禁法違反行為によって著しい損害を受け、または受けるおそれがある事業者や消費者は、地方裁判所に提訴することにより、行為者に対して、違反行為の差し止めを請求することができます。さらに、事業者等（債権者）に生じる著しい損害または急迫の危険を避けるために、事業者等は、同差し止め請求を本案として、仮処分命令を申し立てることができます。本案の終結までには時間がかかりますので、仮の命令をもって違反行為の差し止めをしようとするものです。この場合には、債権者は、行為者に生じるかも知れない損害を回復するための担保（保証金）を供託する必要があります。

4、損害賠償責任

　独禁法違反行為によって損害を被った事業者や消費者（被害者）は、行為者に対して、損害賠償請求ができます。次の２つです。

　１つは、民法709条の不法行為に基づく損害賠償請求。さらに、独禁法25条に基づいて損害賠償請求もできます。事業者（加害者）は、故意過失がなかったことをもって責任を逃れることはできません。違反行為に対して公取の審決が確定した後に、東京高等裁判所に提訴する必要があります。

　さらに、地方自治法に基づき、官公庁の入札への指名停止処分等が行われることもあります。

　こうした独占禁止法違反の疑いのある取引については、公正取引委員会に相談することが必要です。

◆違反した場合の罰則

①課徴金制度	売上高の１％～10％の課徴金 【課徴金減免制度】 違反を自ら報告した事業者１番目＝免除 　　　〃　　　　　　　　２番目＝50％減 　　　〃　　　　　　　　３番目＝30％減
②刑事罰	５年以下の懲役または500万円以下の罰金 法人は５億円以下の罰金
③差止請求	裁判所に違反行為の差し止め請求することができる
④損害賠償責任	民法709条不法行為に基づく損害賠償請求 独禁法25条に基づく損害賠償請求

独占禁止法を補完する
下請法と景品表示法

　下請法（正式には「下請代金支払遅延等防止法」）は、一定の範囲の親事業者と下請事業者との取引について、親事業者がその優越的地位を利用して行う違法行為を防止し、下請事業者の利益を保護しようとするものです。注意すべきは、ここでいう「下請」は、「元請」「下請」として使われる「下請」の意味ではなく、親事業者と下請事業者が以下の資本規模の関係にある場合のことです。

■ 下請法が適用される取引

　対象となる取引内容と親事業者と下請事業者の資本規模の関係は、以下のとおりです。

1、物品の製造委託・修理委託、プログラムの作成に係る情報成果物作成委託、運送、物品の倉庫における保管及び情報処理に係る役務提供委託について
親事業者が資本金３億円超の法人事業者に対して、下請事業者が資本金３億円以下の法人事業者（または個人事業者）。 親事業者が資本金１千万円超の３億円以下の法人事業者に対して、下請事業者が資本金１千万円以下の法人事業者（または個人事業者）。
2、情報成果物作成委託（プログラムの作成を除く）、役務提供委託（運送、物品の倉庫における保管及び情報処理を除く）について
親事業者が資本金５千万円超の法人事業者に対して、下請事業者が資本金５千万円以下の法人事業者（または個人事業者）。 親事業者が資本金１千万円超の５千万円以下の法人事業者に対して、下請事業者が資本金１千万円以下の法人事業者（または個人事業者）。

■ 親事業者の義務

1、書面交付義務

　親事業者は、下請取引をする場合には口約束ではなく、発注後直ちに、下請代金の額、支払日、支払方法、受け取る物品など下請取引の内容を明確に記載した書面（発注書面）を、下請事業者に必ず交付しなければなりません。

2、支払期日を定める義務

　親事業者は、下請事業者との合意の下に、あらかじめ、下請代金を支払うべき期日を、物品を受領した日から60日以内のできる限り短い期間内に定めなければなりません。

3、遅延利息の支払義務

　親事業者は、下請代金をその支払期日までに支払わなかったときは、下請事業者に、納入物品を受領した日から60日を過ぎた日から実際の支払日までの期間について、その日数に応じ当該未払金額に年率14.6％を乗じた額の遅延利息を支払わなければなりません。

4、書類の作成・保存義務

　親事業者は、下請取引の内容を記載した書類を作成し、それを2年間保存しなければなりません。

■ 親事業者の禁止行為

1、受領拒否の禁止

　親事業者が下請事業者に対して委託した給付の目的物を、下請事業者が納入してきた場合、親事業者が下請事業者に責任がないのに目的物の受領を拒むことはできません。親事業者は、恣意的に検査基準を変更し、従来の検査基準で合格とされたものを不合格とすることなどもできません。

2、下請代金の支払遅延の禁止

　親事業者は物品等を受領した日（役務提供委託の場合は、役務が提供

された日）から起算して60日以内で、あらかじめ定められた支払期日までに、下請事業者に下請代金を支払わなければなりません。

3、下請代金の減額禁止

親事業者は発注時に決定した下請代金を「下請事業者の責めに帰すべき理由」がないにも関わらず発注後に減額することはできません。

4、返品の禁止

親事業者は下請事業者から納入された物品等を受領した後に、瑕疵があるなど不良品を返品することはできますが、それ以外の場合に返品することはできません。ただし、通常の検査で発見できない瑕疵がある場合は、原則受領後6か月以内であれば返品できます（もっとも、両者間で品質保証期間を最長1年以内と定めることができ、その場合は、同期間は返品可能です）。

5、買いたたきの禁止

親事業者が発注に際して下請代金を決定するときに、発注した内容と同種または類似の給付の内容に対して、通常支払われる対価に比べて著しく低い額を不当に定めることは「買いたたき」に該当し違法となります。

6、購入・利用強制の禁止

親事業者が下請事業者に対し、正当な理由がないのに、親事業者の指定する製品（含自社製品）・原材料等を強制的に購入させたり、サービス等を強制的に利用させて対価を支払わせたりすることはできません。

7、報復措置の禁止

親事業者が、下請事業者が親事業者の下請法違反行為を公正取引委員会または中小企業庁に知らせたことを理由に、その下請事業者に対して取引数量を減じたり、取引を停止したり、その他不利益な取り扱いをすることはできません。

8、有償支給原材料等の対価の早期決済の禁止

親事業者が自己への給付に必要な半製品、部品、付属品または原材料を下請事業者に有償で支給している場合、下請事業者の責めに帰すべき理由がないにもかかわらず、下請代金の支払期日より早い時期に当該原材料等の対価を下請事業者に支払わせたり、下請代金から控除（相殺）することはできません。

9、割引困難な手形の交付の禁止

親事業者は下請事業者に対し下請代金を手形で支払う場合、一般の金融機関で割り引くことが困難な手形を交付することはできません。なお、手形期間について、公正取引委員会では、繊維業では90日、その他の業種では120日を超える期間については割引困難な手形と見なし、期間短縮を指導しています。

10、不当な経済上の利益の提供要請の禁止

親事業者が下請事業者に対し、自己のために金銭、役務その他経済上の利益を提供させることにより、下請事業者の利益を不当に害することはできません。

11、不当な給付内容の変更及び不当なやり直しの禁止

親事業者が下請事業者に責任がないのに、給付の受領前に、発注書

面に記載されている委託内容を変更して当初とは異なる作業を行わせたり、受領後に、給付に関して追加的な作業を行わせて（やり直し）、それによって発生する費用を親事業者が負担せず、下請事業者を不当に害する場合は、下請法違反となります。

■ 下請法違反行為に対する措置

公正取引委員会は毎年定期的に親事業者・下請事業者双方から報告を求め検査・指導・勧告・警告を行っています。勧告した場合は原則事業者名などが公表されます。中小企業庁も下請違反行為について調査・指導を行っています。一定の違反行為に対しては、行為者個人と会社が罰せられることになります。

■ 景品表示法 (不当景品類及び不当表示防止法) について

1、法の目的

誇大広告や虚偽表示、あるいは過大な景品提供によって顧客を誘引することは、公正な競争のルールに反し、消費者の商品選択をゆがめることになります。かかる行為は独禁法にいう「不公正な取引方法」の一類型に該当しますが、これを防止するために独禁法の特例として制定されたのが、景品表示法です。

2、景品の規制

ここで「景品類」とは、顧客を誘引するための手段として、事業者が自己の供給する商品やサービスの取引に附随して相手方に提供する物品、金銭その他の経済上の利益をいいます。値引きやアフターサービスは除かれています。

景品類を提供する方法により、一般懸賞、共同懸賞、総付（そうづけ）景品、オープン懸賞に分かれており、それぞれ規制が決められています。

①一般懸賞・共同懸賞

「懸賞」というのは、取引に附随して、くじその他偶然性を利用することによって、景品類の提供の相手方または提供する景品類を定める方法のことをいいます。「共同懸賞」は、商店街などにおいて年末年始などに、多数の事業者が参加して行う懸賞です。

一般懸賞では、取引価額5000円未満のときは、景品類の最高額は取引価額の20倍（取引価格5000円以上のときは10万円）、景品類の総額は売上予定総額の2％以内。共同懸賞では、取引価額にかかわらず、景品類の最高額は30万円、景品類の総額は売上予定総額の3％以内と定められています。

②総付景品

一般消費者に対し、取引に附随して懸賞の方法によらず（すべての相手方に）景品類を提供する方法を総付景品といいます。

景品類の最高額は、以下の範囲内であって、正常な商習慣に照らして適当と認められる限度内でなければなりません。

すなわち、取引価額1000円未満のときは、景品類の最高額は200円、取引価額1000円以上のときは、取引価額の10分の2です。

③オープン懸賞

　取引に附随しないで新聞広告などにより告知し、ハガキなどで応募させ、くじの方法により賞品、賞金を提供する行為を「オープン懸賞」といいます。

　従来、「オープン懸賞告示」により提供できる金額は 1000 万円以下と規定されていましたが、現在では同告示は廃止され、金額の上限はなくなりました。

④特定業種における景品の制限

　新聞業、不動産業、雑誌業、医療用医薬品業・医療機器業及び衛生検査所業の４業種については、それぞれ業種の特性に応じた制限がありますので、注意が必要です。

◆景品表示法で定められた景品限度

	取引金額	最高額	景品類の総額
一般懸賞	5000 円未満	取引額の 20 倍	売上予定総額の２％
	5000 円以上	10 万円	
共同懸賞	規定なし	30 万円	売上予定総額の３％
総付景品	1000 円未満	200 円	―
	1000 円以上	取引額の２／10	―
オープン懸賞	―	上限なし	―

3、不当表示の規制

　「不当表示」とは、虚偽または誇大な表示によって顧客を誘引する行為をいいます。

　景品表示法は、一般消費者に誤認される表示について、次の３類型に

分けて規制しています。

　①商品・サービスの内容についての不当表示（優良誤認表示）、②商品・サービスの取引条件についての不当表示（有利誤認表示）、③公正取引委員会が指定する不当表示（無果汁の清涼飲料水等の表示、原産国の表示など６つを指定）です。

　以下「不当表示」の３類型を具体的に説明します。

①商品・サービスの内容についての不当表示（優良誤認表示）

　商品・サービスの品質等内容について、実際のものまたは競争者のものより著しく優良であると示すなどして、一般消費者に誤認を与える表示をいいます。

　例えば、①衣料品販売会社が実際にはカシミアがほとんど用いられていないにもかかわらず、原材料としてカシミア50％と表示した場合、②自動車の燃費向上をもたらすという表示を行って商品を製造販売していた業者が、公正取引委員会から合理的根拠がないとされた場合などです。

②商品・サービスの取引条件についての不当表示（有利誤認表示）

　商品・サービスの価格、数量などの取引条件について、実際のものまたは競争者のものより著しく有利であると誤認される表示をいいます。

　「二重価格表示」についてですが、二重価格表示そのものが禁止されているわけではありません。しかし、「当店通常価格の５割引き」と表示しているが、「当店通常価格」が根拠のない架空のものであれば、不当表示になります。

　また、牛肉の詰め合わせ商品の量が広告記載の重量の40％〜60％に過ぎない場合や、観光土産品の内容物が包装箱の19〜38％に相当する量しか入っていなかった場合などが、実際に問題となった事例です。

③公正取引委員会が指定する不当表示

　上記以外の表示で、一般消費者に誤認されるおそれがあり、公正な競争を阻害するおそれがあると認めて公正取引委員会が指定した表示をい

います。

無果汁の清涼飲料水等についての表示

清涼飲料水で、原材料に果実の果汁または果肉が使用されていないにもかかわらず、容器に果実の名称を用いた商品名・図案を掲げる等により果実または果肉が使用されているような印象を与える場合には、原材料に果実または果肉が使用されていない旨を、容器に明瞭に記載しなければなりません。

商品の原産国に関する不当な表示

システム手帳の販売に関し、大部分の商品の原産国は中国なのに、原産国は英国であるかのように表示をしていた例がありました。

消費者信用の融資費用に関する不当な表示

利息の表示などに付き、誤認されるおそれのある表示を規制しています。

不動産のおとり広告に関する表示

不動産賃貸業者がウェブサイト等における広告において、すでに賃借済みで物件が存在しないにもかかわらず、あたかも賃借することができるかのように表示されていた例があります。

おとり広告に関する表示

不動産以外についても、ビラ等で安く購入できるかのような表示をしているのに、実際にはその商品が店に置いていなかったり、あっても数量がわずかであったりする場合です。

有料老人ホームに関する不当な表示

入居募集に当たり、医療機関との定期的往診実施や24時間協力体制を表示していたが、実際にはそのような協力関係がなかった場合などです。

4、違反行為に対する措置等

違反行為に対しては、公正取引委員会による事情聴取・資料収集、弁明の機会の付与が行われ、違反行為をやめるように排除命令が行われます。また、都道府県知事も違反行為に対して指示または措置請求をする

権限を有しています。

5、公正競争規約

公正取引委員会の認定を受けて、事業団体等が自主的に設定する業界のルールですが、この規約にもご注意ください。

◆独占禁止法と下請法・景品表示法の関係

（公正取引委員会より）

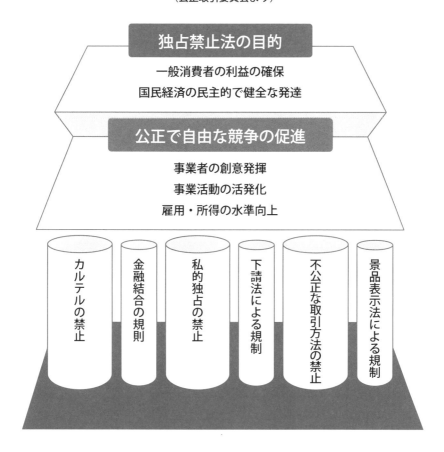

独占禁止法の目的

一般消費者の利益の確保
国民経済の民主的で健全な発達

公正で自由な競争の促進

事業者の創意発揮
事業活動の活発化
雇用・所得の水準向上

カルテルの禁止

金融結合の規則

私的独占の禁止

下請法による規制

不公正な取引方法の禁止

景品表示法による規制

公正な競争を確保するための不正競争防止法

■ 不正競争行為の概要

不正競争防止法（以下「法」と略します。）では、下記の各行為を不正競争として禁止しています。

1、周知表示混同惹起行為（法2条1項1号）

他人の商品等表示として、需要者の間に広く認識されているもの（周知性）と、同一・類似の表示を自己の商品等に使用するなどして、他人の商品等と混同を生じさせる行為のことです。

「商品等表示」とは、商品の出所や営業の主体を示す表示のことで、具体的には、人の業務に係る氏名、商号、商標や、商品の容器・包装などを指します。

なお、周知性を満たすには、全国的に知られていることまでは必要なく、一地方であっても足りると考えられています。

2、著名表示冒用行為（法2条1項2号）

自己の商品等表示として、他人の著名な商品等表示と同一・類似の表示を使用等する行為のことです。

前記1の周知表示混同惹起行為と異なり、著名表示を使用すれば足り、混同を生じさせたかどうかは問題とはなりません。

なお、著名と言えるには、全国的に知られていることが必要と考えられます。例えば、「ソニー」「トヨタ」「ディズニーランド」などです。

3、商品形態模倣行為（法2条1項3号）

他人の商品の形態を模倣した商品を譲渡等する行為のことです。

ここでいう「商品の形態」とは、通常の用法に従って使用した際に、知覚によって認識できる商品の外部・内部の形状、その形状に結合した模様、色彩、光沢や質感のことですが、その商品の機能を確保するため

に不可欠な形態は除かれます。

　また、「模倣」とは、他人の商品の形態に依拠して、これと実質的に同一の形態の商品を作り出すことをいいます。

　「1〜3」は顧客吸引力を持っている他人の商品やその表示のマネをして、不当に利益を得てはならないとするものです。

4、営業秘密に関する不正行為（法2条1項4号〜10号）

　不正な手段によって、営業秘密を取得し、自ら使用したり、第三者に開示するなどの行為のことです。

営業秘密とは

　「営業秘密」とは、下記の3つの要件を満たす情報をいいます（法2条6項）。

①秘密管理性

　情報保有者が秘密として管理しようとする意思を有しており、かつ、秘密として管理されていることが客観的に認識できなければなりません。

　例えば、施錠や閲覧パスワードの設定等により、情報にアクセスできる者を制限していたり、書類に「部外秘」などと記載して、情報にアクセスした者が秘密であることを認識できるようにしていることが必要となります。

②有用性

　営業上・技術上の情報のうち、広い意味で商業的価値を有するものであれば、有用性が認められます。

　例えば、営業上の情報としては、顧客名簿、販売マニュアル、仕入先リストなど、技術上の情報としては、製造技術、設計図、実験データ、研究レポートなどが挙げられます。

③非公知性

　その情報が一般的には知られておらず、情報保有者の管理下以外では、一般的に入手できない状態にあることが必要です。

営業秘密に関する不正行為の類型

①不正取得型（法２条１項４号〜６号）

この類型は、保有者から不正な手段で営業秘密を取得し、その後、その営業秘密が転々流通したケースになります。

具体的には、下記のとおりです。

①法２条１項４号	窃盗、詐欺などの不正な手段により営業秘密を取得する行為（以下「不正取得行為」といいます。） 不正取得行為により取得した営業秘密の使用・開示行為
②法２条１項５号	不正取得行為が介在したことを知り、または、重大な過失により知らないで、営業秘密を取得する行為 その取得した営業秘密の使用・開示行為
③法２条１項６号	営業秘密を取得した後に、不正取得行為が介在したことを知り、または、重大な過失により知らないで、その取得した営業秘密を使用・開示する行為

②正当開示後の不正目的型（法２条１項７号〜９号）

この類型は、保有者から正当に開示された営業秘密を不正な目的で使用・開示したり、その後、その営業秘密が転々流通したケースになります。

具体的には、下記のとおりです。

①法２条１項７号	営業秘密につき、保有者から正当に開示を受けた者（以下「正当被開示者」といいます。）が、不正な目的で営業秘密を使用・開示する行為 ここでいう「不正な目的」とは、不正の利益を得る目的、または、保有者に損害を加える目的（以下「図利加害目的」といいます。）のことです。

②法2条1項8号	正当被開示者による図利加害目的または守秘義務違反による開示行為（以下「不正開示行為」といいます。）であるか、不正開示行為が介在したことを知り、または、重大な過失により知らないで、その営業秘密を取得する行為 その取得した営業秘密の使用・開示行為
③法2条1項9号	営業秘密を取得した後に、不正開示行為があったか、不正開示行為が介在したことを知り、または、重大な過失により知らないで、その営業秘密を使用・開示する行為

③営業秘密不正使用物品譲渡型（法2条1項10号）

前記の法2条1項4号から9号までに掲げる技術上の営業秘密の不正使用行為により製造された物品を譲渡したり、輸出入等する行為のことです。

5、限定提供データに関する不正行為（法2条1項11号～16号）

不正な手段によって、限定提供データを取得し、自ら使用したり、第三者に開示するなどの行為のことです。

限定提供データとは

「限定提供データ」とは、業として特定の者に提供する情報として、電磁的方法により相当量蓄積され、管理されている技術上・営業上の情報のことです（法2条7項）。例えば、携帯電話の位置情報データや自動車走行用の地図データなど、暗号化処理がされて特定の第三者（契約の相手方）に提供されるデータです。

技術上・営業上の情報が「限定提供データ」として認められるためには、下記の3つの要件を満たす必要があります。

①限定提供性

事業者等から取引等を通じて、データの提供を受ける者が特定されている必要があります。

例えば、会員になり、会費を支払っている者にデータを提供している場合など、データ提供を受けている者が特定できていれば、その多寡にかかわらず、限定提供性を満たします。

②相当蓄積性

電子データが有用性を有する程度に蓄積されていることが必要です。

相当蓄積性については、電子データの蓄積により生み出される付加価値、利用・活用の可能性、取引価格、収集・解析に投じられた労力・時間・費用等を踏まえて判断されるものと考えられます。

③電磁的管理性

電子データが、電磁的方法により管理されていることが必要となります。

管理の程度ですが、電子データが特定の者のみに提供されるものとして管理されていることが、第三者から見て一般的かつ容易に認識できる必要があります。

電磁的管理性が認められる措置としては、ユーザー認証や専用回線によるアクセス制限が考えられます。

以上より、限定提供データに該当しうるものとしては、電磁的管理措置を施した地図データ、機械の稼働データ、消費者動向データや気象データ等が挙げられます。

限定提供データに関する不正行為の類型

①不正取得型（法2条1項11号〜13号）

この類型は、保有者から不正な手段で限定提供データを取得し、その後、そのデータが転々流通したケースになります。

具体的には、下記のとおりです。

①法２条１項 11 号	窃盗、詐欺などの不正な手段により限定提供データを取得する行為（以下「データ不正取得行為」といいます。） データ不正取得行為により取得した限定提供データの使用・開示行為
②法２条１項 12 号	データ不正取得行為が介在したことを知って、限定提供データを取得する行為 その取得した限定提供データの使用・開示行為
③法２条１項 13 号	限定提供データを取得した後に、データ不正取得行為が介在したことを知って、その取得した限定提供データを開示する行為

②正当開示後の不正目的型（法２条１項 14 号〜 16 号）

　この類型は、保有者から正当に開示された限定提供データを不正な目的（図利加害目的）で使用・開示したり、その後、その限定提供データが転々流通したケースになります。

　具体的には、下記のとおりです。

①法２条１項 14 号	限定提供データにつき、正当被開示者が、図利加害目的で限定提供データを使用・開示する行為 なお、前記の使用行為については、正当被開示者がその限定提供データの管理に係る任務に違反した場合に限られます。
②法２条１項 15 号	正当被開示者による図利加害による開示行為（以下「データ不正開示行為」といいます。）であるか、データ不正開示行為が介在したことを知って、その限定提供データを取得する行為 その取得した限定提供データの使用・開示行為

③法2条1項16号	限定提供データを取得した後に、データ不正開示行為があったか、データ不正開示行為が介在したことを知って、その限定提供データを開示する行為

6、技術的制限無効化行為（法2条1項17号、18号）

営業上用いられている技術的制限手段（影像、音楽、プログラムその他の電子情報へのアクセス制限、コピー制限）により視聴、実行、処理や記録が制限されているコンテンツの視聴等を可能にする一定の装置、プログラムや指令符号を記録した媒体等を譲渡・輸出入等する行為、前記のプログラムや指令符号を電気通信回線を通じて提供する行為のほか、技術的制限手段の効果を妨げる役務を提供する行為のことです。

7、ドメイン名の不正取得行為（法2条1項19号）

図利加害目的で、他人の特定商品等表示（人の業務に係る氏名、商号、商標、標章、その他の商品・役務を表示するもの）と同一・類似のドメイン名を使用する権利を取得・保有したり、そのドメイン名を使用する行為のことです。

8、商品等の原産地・品質等の誤認惹起行為（法2条1項20号）

商品・役務やその広告等に、その原産地、品質や数量等について誤認させるような表示をする行為、そのような表示をした商品を譲渡・輸出入等したり、役務を提供する行為のことです。

9、営業上の信用毀損行為（法2条1項21号）

競争関係にある他人の営業上の信用を害する虚偽の事実を告知したり、流布する行為のことです。

10、代理人等の商標冒用行為（法2条1項22号）

パリ条約の同盟国等において、商標に関する権利を有する者の代理人・代表者（過去1年内に代理人等であった者も含む）が、正当な理由なく、それと同一・類似の商標を同一・類似の商品や役務に使用等する行為の

ことです。

適用除外（法19条1項）

　形式的には前記の不正競争行為に該当する場合でも、実質的には違法性がないと考えられるものについては、不正競争防止法の適用が除外されています。

国際約束に基づく禁止行為

　不正競争防止法では、パリ条約などの国際約束に基づき、下記の行為が禁止されています。

---

①外国国旗・紋章等の商業上の使用禁止（法16条）

外国国旗・紋章等と同一・類似のものを商標として使用したり、商品の原産地を誤認させるような方法で外国紋章を使用することなどが禁止されています。

②国際機関の標章の商業上の使用禁止（法17条）

国際機関と関係があると誤認させるような方法で、当該国際機関の標章と同一・類似のものを商標として使用することが禁止されています。

③外国公務員等に対する贈賄禁止（法18条）

外国公務員等に対し、国際的な商取引に関して営業上の不正の利益を得るために、金銭その他の利益を供与することが禁止されています。

■ 民事上の措置の概要

1、差止請求権（法3条）

　不正競争によって営業上の利益を侵害されたり、そのおそれがある者は、侵害者らに対し、その侵害の停止・予防を請求することができます。

また、侵害行為を組成した物（侵害行為により生じた物を含む。）の廃棄等を請求することもできます。

2、損害賠償等（法4条ほか）

故意・過失により不正競争を行って、他人の営業上の利益を侵害した者は、これによって生じた損害を賠償しなければなりません（法4条）。

なお、被害者の立証の負担を軽減するため、損害額の推定等の規定（法5条）や相当な損害額の認定規定（法9条）が設けられています。

3、技術上の秘密の不正使用等の推定（法5条の2）

生産方法などの技術上の秘密の不正使用行為に関しては、被害者の立証の負担を軽減するため、被害者が侵害者による営業秘密の不正取得行為（法2条1項4号、5号、8号）等を立証すれば、侵害者がその営業秘密を使用して生産等したことが、法律上推定されます。

4、信用回復の措置（法14条）

故意・過失により不正競争を行って他人の営業上の信用を害した者に対しては、裁判所は、被害者の請求により、訂正・謝罪広告など、営業上の信用回復に必要な措置を命じることができます。

■ 刑事罰

不正競争行為の中でも、違法性が高いと認められるものについては、刑事罰の対象とされています（法21条）。

なお、法人の業務に関して、前記の犯罪が行われた場合、行為者だけでなく、その者が所属する法人も、刑事罰の対象となります（法22条）。

製造物の欠陥により製造物責任を問われることがある

製造物責任法（ＰＬ法）により、その内容が規定されています。これは、被害者が製造物の欠陥・損害・因果関係を立証すれば、メーカー側はその欠陥によって生じた損害を賠償する義務を負うとするものです。

■ 不法行為法との違い

民法の不法行為法では、損害賠償を請求するためには、メーカー側の故意過失について、被害者が立証しなければなりませんでした。しかし、被害者がメーカー側の従業員の故意過失を立証することは極めて困難です。被害者がメーカーの製品製作過程を調査しどこに過失があったかを知ることはほとんど不可能なことだからです。

そこで、ＰＬ法は、被害者救済の立場から、被害者は「故意過失」の代わりに、当該製品について「欠陥の存在」を立証すれば良いとしたのです。

■ 「製造物」とは

ＰＬ法でいう「製造物」とは、製造または加工された動産です。動産とは不動産以外の有体物ですから、不動産やエネルギー、サービスなど無体物は含まれません。また、野菜、水産物などの一次産品は加工されていませんから含まれません。ですから、これらはＰＬ法の対象外です。

責任を負う業種は、製造業、加工業、輸入業です。流通や販売業には原則適用がありません。自ら当該製造物に製造業者として商号、商標などを表示したものなども含まれます。

■ 損害賠償の対象

　ＰＬ法の適用のある損害は、製品それ自体の損害ではなく、製品の欠陥により人の生命、身体または財産に与えた損害です。製品それ自体の損害は、民法の契約責任や不法行為責任で解決できるからです。

■ 欠陥とは

　法第２条では「当該製造物の特性、その通常予見される使用形態、その製造業者等が当該製造物を引き渡した時期その他の当該製造物に係る事情を考慮して、当該製造物が通常有すべき安全性を欠いていること」と規定されています。

　欠陥には、設計上の欠陥、製造上の欠陥、指示・警告上の欠陥の３種類があります。

> ①設計上の欠陥とは、設計段階で安全性に対する配慮が足りなかった場合
> ②製造上の欠陥とは、設計どおり製造されなかった場合
> ③指示・警告上の欠陥とは、事故発生の可能性や事故防止のための情報などを消費者に対して与えなかった場合

をいいます。

■ 相当因果関係の存在

　ＰＬ法上の責任が発生するには、民法の不法行為と同様に、欠陥と生じた損害との間に、相当因果関係が存在することが必要です。相当因果関係とは、そのような欠陥があれば通常そのような損害が生ずるであろうと認められる関係です。因果関係の成否は、裁判上多くの製品事故において争われています。損害が発生した原因が当該欠陥ではなく他の問題であるとか、他の問題も含めて複合的に影響を与えているとかが争わ

れるわけです。

■ 免責事由

　製造業者などが、当該製造物をその製造業者などが引き渡したときにおける科学または技術に関する知見によっては、当該製造物にその欠陥があることを認識することができなかったことを証明したときなどには、製造業者などは賠償義務を負うことから逃れられます。

　ＰＬ法に基づく損害賠償請求権は、被害者などが損害及び損害賠償義務者を知ったときから３年間行わないときは、時効消滅します。製造業者などが当該製造物を引き渡したときから10年を経過したときも同様です。

　ただし、人の生命または身体を侵害した場合には、上記「３年間」は「５年間」となります。

個人情報の取り扱いは慎重に（個人情報保護法）

■ 個人情報の利用価値と権利意識の高まり

　情報化社会の進展につれて、個人情報の利用価値と個人情報に対する権利意識が世界的に高まり、両者のバランスが難しい問題となっています。日本では2003年に個人情報保護法が成立・施行されましたが、権利性に強く配慮したEUのGDPR（一般データ保護規則）などのグローバルな基準に対応するため、2017年には大きな改正を行っています。

■ 何を定めているのか

　個人情報保護法は、簡単にいうと、個人情報の取得、利用、保護、提供、開示についてのルールを定めた法律といえます。

■ 個人情報・個人データとは

　個人情報とは、生存する個人に関する情報のうち、情報に含まれている氏名、生年月日などの記述により特定の個人を識別することができるものまたは「個人識別符号」が含まれるものをいいます。

　「個人識別符号」は政令で詳しく定められていますが、指紋や顔などの生体認証に使用するデータや、パスポートや免許証などの公的番号がこれに当たります。

　個人情報を検索可能な状態にしたものを個人情報データベース、それを構成する個々の情報を個人データといいます。

　「個人情報」と「個人データ」は個人情報保護法では明確に分けて規定してあり違いを理解しておく必要があります。名刺の例で説明します。100枚の名刺があるとします。この名刺1枚1枚が「個人情報」です。しかし、まだ「個人データ」ではありません。このままでは特定の名刺

をすぐにみつけられないので箱のなかに50音のインデックスをつけて並べたとします。するとこの箱が「個人情報データベース」となり、そして、箱の中の1枚1枚の名刺が「個人データ」となります。複数の名刺の内容を携帯電話やコンピュータに入力すると検索可能な状態になりますので「個人情報データベース」となります。

◆個人情報と個人データベース

個人情報 ＝ 氏名、生年月日、住所など、または個人識別符号により個人を識別することができるもの

個人情報データベース

■ 誰を対象としているのか

2003年の施行当初、保有する個人データが5000件以下の者については個人情報保護法の適用が除外されていましたが、現在ではその規定は廃止されています。個人情報データベースを事業の用に供している民間事業者すべてが「個人情報取扱事業者」として同法が適用されると考えておきましょう。法人格のない町内会や個人も「個人情報取扱事業者」に当たります。

■ 利用目的の特定・通知

個人情報の取得に当たっては利用目的の特定を行っておきます。「事業活動に用いるため」といった程度では特定したことにならないので注

意が必要です。「商品の発送に用いるため」といった形で具体的に利用目的を特定しておきましょう。

　個人情報の取得に際しては、あらかじめ公表している場合を除き、利用目的を本人に通知する必要があります。

　インターネットで公表する場合にはトップページから1回程度の操作で到達できる場所へ掲載しましょう。

■ 要配慮個人情報の取得

　本人の人種、信条、社会的身分、病歴、犯罪の経歴、犯罪により害を被った事実などは、不当な差別や偏見から不利益が生じないように、その取扱いには特に配慮を要する情報です。これらは「要配慮個人情報」として、あらかじめ本人の同意を得なければ原則として取得できないことに注意が必要です。

　労働安全衛生法に基づいた健康診断の結果を取得する場合など、法令に基づく取得や、人の生命、身体または財産の保護のために必要で、本人の同意を得ることが困難な場合の取得は許されます。

■ 目的外使用の禁止

　個人情報は、利用目的以外に使用してはいけません。利用目的以外に使用する場合には本人の同意が必要です。

　ただし、法令に基づく場合や人の生命、身体または財産の保護に必要で本人の同意を得ることが困難な場合などは目的外での利用が可能です。

　目的外使用が許される例としては、ある商品に欠陥があり使用すると危険な場合に、個人情報を持つ販売店が製造事業者に個人情報を提供する場合などが考えられます。

■ 安全管理義務

個人データは漏えいや滅失、毀損がないように安全に管理しなければなりません。正確かつ最新の情報に保ち、必要がなくなったら廃棄するよう努めなくてはなりません。

従業者や委託先に個人データを扱わせるときには、必要かつ適切な監督をする義務があります。

■ 第三者提供は同意が必要

個人データを第三者に提供する場合は、原則として本人の同意を得ることが必要です。グループ会社も第三者に当たるので注意が必要です。

法令に基づく場合や、人の生命・身体を保護するために必要な場合などには、本人の同意なく提供が許される場合もあります。「目的外使用の禁止」箇所で記載した例も確認してください。

■ 本人の開示等請求

本人は個人情報取扱事業者に対して、保有している個人データの開示請求や、内容が誤っている場合の訂正請求をすることができます。

個人情報取扱事業者は、開示等の請求に対して対応する体制を整えておく必要があります。

■ ガイドライン

個人情報保護法については、個人情報保護法委員会が詳細なガイドラインを作成しています。ガイドラインはいくつかありますが、同法の基本について定めた「個人情報保護法ガイドライン（通則編）」が基本となります。

第2部

会社に関する法律を知ろう

会社の仕組みや法律を知る

　企業経営をする場合には、個人事業主として始める場合や会社を設立して始める場合があります。また当初個人事業として起業したが、のちに法人成りをして会社組織に移行する場合もあります。

　ほとんどの場合に、最終的には会社組織となるのが一般的です。したがって、経営者は会社を経営することになるのですが、会社経営にあたっては、会社の仕組みや法律を知っておくことが不可欠です。会社に関する法律を知らないまま経営をすると大きな損害を被ったり、会社経営の責任を追及されたりなどしかねません。

　そこで、この第2部では、会社に関する法律、特に最も多く採用されている株式会社に関する法律について、最低限必要とされる知識をまとめました。

第1章

会社の種類

会社には、株式会社、合名会社、合資会社、合同会社の4種類がある

■ 4種類の会社

　会社には、株式会社、合名会社、合資会社、合同会社の4種類があります。これらの違いは、会社の持ち主である「出資者」=「社員ないし株主」の責任範囲がどこまでか、ということです。なお、ここでいう「社員」とは、日常生活で使用されている「従業員」という意味ではありません。会社の出資者のことを、法律上は「社員」といい、特に株式会社の社員を「株主」と呼んでいます。

■ 社員（株主）の責任の範囲

　社員の責任の範囲については、次の4つの概念があります。

　①直接責任②間接責任③無限責任④有限責任です。①②は、会社の債権者に対する社員の責任が直接的か間接的かの違いです。③④は、会社の債権者に対する社員の責任が有限か無限かの違いです。

　それぞれ説明しましょう。

①直接責任	社員が会社の債権者に対して直接責任を負うこと。すなわち会社債権者は、会社が支払ってくれない場合に直接社員に請求できます。
②間接責任	社員は会社に対し出資義務を負うのみで、会社債権者に対しては会社を通してという形で間接的にしか責任を負わないこと。会社債権者は、会社が支払わないからといって、社員に請求することはできません。
③無限責任	会社が負っている債務について、社員がその個人財産により限度無しに責任を負うこと。
④有限責任	社員は、会社の負債について一定の限度でしか責任を負わないこと。

■ 合名会社

社員の全員が直接責任・無限責任を負うことになる会社形態です。ですから、債権の相手方が合名会社なら、その社員の個人財産に対しても無限の請求ができることになります。

■ 合資会社

直接責任・無限責任を負う社員と直接責任・有限責任を負う社員からなる会社形態です。会社の債権者は、無限責任社員に対しては社員の財産に対して請求できますが、有限責任社員は、出資の限度までしか責任を負いません。

この合名会社・合資会社の社員は、原則会社の業務執行に参加することになります。

■ 株式会社

これに対して、株式会社は、間接責任・有限責任の社員（これを「株主」といいます）からなる会社です。すなわち、社員（株主）が直接責任を負うことはなく、会社の業務執行の権限もありません。会社の債権者は社員（株主）個人に対しては請求することができません。

また、社員は、債権者に対して出資の限度でしか責任を負いません。

■ 合同会社

この会社形態は、2006年の会社法施行の際に新しく設けられたもので、株式会社と同様に、有限責任・間接責任の社員からなる会社です。

ＬＬＣ（Limited Liability Company）とも略されます。

株式会社と異なることは、社員が原則として業務を執行することとされていることです。ただし、定款によって一部の社員のみを業務執行社員とすることができます。

　民法上の組合と同様に、原則として契約自由の原則が支配し、機関設計や社員の権利内容等について広く定款自治に委ねられています。決算公告義務がない、社員が出資者と役員を兼ねているので意思決定が早い、定款認証費約5万円が不要、登録免許税が安いなどのメリットがあり、零細企業に最適な会社形態と言えます。しかし、最近ではアマゾン日本法人などの大会社も合同会社とするものが増加しています。

■ 有限会社（特例有限会社）とは

　会社法施行以前に、有限会社法に基づいて設立されていた会社で、会社法施行後も従前の例によるとされる会社のことです。新たに設立することはできませんが、従来の有限会社のメリットである決算公告義務がないなどの利点を享受できます。

◆4社の比較

	株式会社	合同会社	合資会社	合名会社
出資者の最低人数	1人	1人	2人	1人
出資者の呼び名	株主（社員）	社員	社員	社員
出資者の責任の範囲	間接・有限	間接・有限	直接・無限と直接・有限	直接・無限
業務執行者	株主（社員）以外が可能	社員	社員	社員
業務執行者の任期	通常2年、最大10年	なし	なし	なし
決算公告義務	毎事業年度毎に必要	なし	なし	なし
持分（株式）譲渡	自由、但し譲渡制限することも可能	全社員の同意が必要	全社員の同意が必要	全社員の同意が必要

第2章

株式会社の設立と機関

株式会社設立のためには、発起人、商号、目的、定款などが必要

■ 株式会社の設立

ポイント **25** P142 会社には4種類があることを説明しましたが、最も利用が多い株式会社の設立について、そのポイントを解説します。

■ 会社設立の特色

特色は次の2点になります。

①準則主義（所定の要件を充足して設立手続をすれば、当然に会社は成立します）。
②最低資本金制度の廃止（旧法では最低1000万円の資本金が必要で、資本充実の原則・資本維持の原則がありましたが、これらが廃止されました。1円でも設立が可能となりました。）

■ 発起設立と募集設立

発起設立は、設立するとき発行する株式を、1人以上の発起人で全部引き受ける方法によるものです。

募集設立は、1人以上の発起人が引き受けた残りの株式を一般募集または縁故募集して会社の設立に参加してもらう方法です。

両者の手続き上の違いの最も大きい点は、募集設立は、設立時に発行株式引受人（後の「株主」）を募集しなければならず、同引受人による創立総会を開催しなければならないことです。

■ 具体的手続き（会社の作り方）

ほとんどの場合が、発起設立ですので、ここでは同設立の具体的手続きを説明します。

①**発起人の決定** 発起人は、会社を作ろうと発案したものです。1人でも可能ですが、他の人と一緒に設立しようとするときは、誰を発起人にするか決定する必要があります。自然人でも法人でも、発起人になることができます。
発起人は、定款に署名もしくは記名押印します。

②**商号の決定** 会社の名前の決定が必要です。原則自由にできますが、いくつかの制限があります。
○銀行、証券、保険などの文字は、それぞれの事業以外は使用できません。
○商号中に必ず、会社の種類（株式会社）を表す文字を用いなければなりません。
○不正の目的で、他の会社と誤認される名称または商号を使用することはできません。

③**目的の決定** 会社が営もうとする事業です。単数でも複数でも構いません。

④**本店所在地の決定**

⑤**設立に際して出資される財産の価額またはその最低額**

資本金は原則、出資された財産の総額ですが、この総額のうち2分の1を超えない額について資本金に計上しないことができます。

⑥**発行可能株式総数の決定**

今後発行を予定する株式の総数のこと。定款認証時には記載されている必要はありませんが、成立のときまでには必要です。

⑦**株式譲渡制限の採否**

株式の譲渡につき、会社の承認を必要とするかどうかの問題です。なお、すべての株式について、同承認が必要とした会社のことを、「非公開会社」といいます。

⑧**機関設計**　取締役会や監査役会などの機関を組織するかどうかを決める必要があります。

⑨**設立時に就任する予定の取締役等の確定**

■ **定款の作成と公証人の認証**

　以上の内容が決定したら、必要事項を定款に記載しなければなりません。定款は、会社の根本原則を定めたものです。

　定款に発起人の実印を押印し、印鑑証明書とともに公証役場に提出し、公証人の認証を受けます。

　公証人の認証を受けなければ、定款は法律的に有効とはなりませんので注意が必要です。

取締役と株主総会の 機関設置が必要

■ 株式会社の機関

　株式会社には、取締役、監査役、取締役会、株主総会などの機関を置くのが通常です。機関設計は様々な選択肢があり、その概略について説明します。

　①取締役と株主総会は、すべての株式会社に必要ですが、監査役など他の機関は、必ずしも必要ではありません。すなわち、株式会社には、最低限、取締役と株主総会があればいいということです。

　②大会社には、会計監査人の設置が義務付けられていますが、それ以外の会社は任意です。

　ここでいう「大会社」とは、最終事業年度にかかる貸借対照表の資本金として計上した額が5億円以上、または貸借対照表の負債の部に計上した額の合計額が200億円以上の株式会社です。

　③公開会社には、取締役会の設置が義務付けられていますが、非公開会社が設置するかどうかは任意です。ここでいう「非公開会社」とは、定款によりすべての株式の譲渡が制限されている（譲渡による取得について会社の承認が必要となる）会社をいいます。「公開会社」はそれ以外の会社をいいます。

　④機関の種類としては、株主総会の他に、取締役、取締役会、代表取締役、監査役、監査役会、会計監査人、委員会、執行役、会計参与があります。株主総会以外の機関設計の選択肢は一覧表（P151）のとおりです。

　⑤一番多いと思われる機関設計は、株主総会、取締役会（代表取締役、取締役）、監査役会（監査役）です。

株主総会	株式会社の最高意思決定機関。取締役、監査役等の選・解任など会社の基本的事項を決議します。決算期ごとに開催される年１回の定時株主総会と、必要に応じて開催される臨時株主総会があります。
取締役	株式会社の業務を行います。
取締役会	３人以上の取締役によって構成され、代表取締役の選任など会社の重要業務について意思決定を行います。各取締役の職務執行を監督します。
代表取締役	株式会社を代表して業務を執行します。
監査役	取締役の職務執行や会社の会計の監査をします。監査の範囲を会計に限定することができる場合があります。
監査役会	３人以上の監査役（うち半数以上は社外監査役）で構成され、監査方針の決定や監査報告書の作成などを行います。

⑥他の機関の説明をします。

委員会	主に大会社において機動的な経営と実効的な監督を可能とするために設けられる機関で、指名委員会、監査委員会、報酬委員会があります。
会計監査人	主に大企業において計算書類等の監査を行う機関で、公認会計士または監査法人のみが行うことができます。
会計参与	会社法で新設された機関で、取締役と共同して計算書類の作成などを行います。公認会計士・監査法人または税理士・税理士法人に制限されます。すべての会社で設置可能です。

これらについて、詳しくは ポイント 29 P156 ポイント 30 P159 ポイント 31 P162 にて説明します。

◆機関設計の選択肢

規模	公開・非公開の別※2	機 関 設 計		会計監査人の要否
大会社※1	公開会社	取締役会 + 監査役会 + 会計監査人		会計監査人の設置が強制
		取締役会 + 委員会 + 執行役 + 会計監査人		
	非公開会社	取締役 + 監査役 + 会計監査人		
		取締役会 + 監査役 + 会計監査人		
		取締役会 + 監査役会 + 会計監査人		
		取締役会 + 委員会 + 執行役 + 会計監査人		
大会社以外の株式会社	公開会社	取締役会 + 監査役		ⓐ会計監査人の設置は、任意 ⓑただし委員会設置会社を選択した場合、会計監査人の設置が強制
		取締役会 + 監査役 + 会計監査人		
		取締役会 + 監査役会		
		取締役会 + 監査役会 + 会計監査人		
		取締役会 + 委員会 + 執行役 + 会計監査人 (右欄ⓑ)		
	非公開会社	会計監査人を設置する場合	取締役 + 監査役 + 会計監査人	
			取締役会 + 監査役 + 会計監査人	
			取締役会 + 監査役会 + 会計監査人	
			取締役会 + 委員会 + 執行役 + 会計監査人 (右欄ⓑ)	
		会計監査人を設置しない場合	取締役	
			取締役 + 監査役※3	
			取締役会 + 監査役※3	
			取締役会 + 監査役会	
			取締役会 + 会計参与 ❖	

※1 大会社とは、最終事業年度にかかる貸借対照表の資本金として計上した額が 5 億円以上または貸借対照表の負債の部に計上した額の合計額が 200 億円以上の株式会社のことをいう。
※2 非公開会社（公開会社でない会社）とは、定款によりすべての株式の譲渡が制限されている会社である。公開会社とは、すべての株式の譲渡が制限されている会社以外（一部の種類株式に譲渡制限がある場合も含む）の会社である。
※3 非公開会社（監査役会設置会社および会計監査人設置会社を除く）では監査役の権限を、定款の定めにより会計監査権限に限定することが可能である。
※4 すべての株式会社において、定款の定めにより会計参与を別途設置することも可能である。
(ただし、❖の場合は、監査役を置かなくてもよいが会計参与は設置しなければならない。)

（民事法研究会「実践企業法務入門」（滝川宜信）より）

151

株主は会社のオーナーだが、会社の負債に直接責任を負わない

■ 株主と株式について

株式会社では、多数の者から容易に出資を集めることができるように、出資の履行に応じて株式が発行されます。株式は、細分化された均等な割合的単位の形をとる株式会社の社員たる地位を意味します。

そして、株式会社の社員が株主ということになります。なお、ここでいう「社員」は、会社の従業員の意味ではなく、社団（会社）の構成員の意味です。

ですから、株主は、会社の持主（所有者、オーナー）ということができます。

■ 株主に関する原則等

①株主有限責任の原則

株主の責任は、その有する株式の引受価額が限度となります。すなわち、会社が多額の負債を負ったからといって、同負債について株主が直接責任を負うことはありません。株主は出資した限度でしか責任を負わないのです。

②株主平等の原則

各株主は、その有する株式の内容及び数に応じて、会社から平等に取り扱われることになります。各株主がすべて平等なのではなく、それぞれが所有する同じ種類の株式の数に比例して平等に扱われるということです。

③株主は、自然人であると法人であるとを問いません。

■ 株主の権利

株主の権利には、自益権と共益権があります。

自益権とは、会社から経済的利益を受ける権利です。主な権利は、①剰余金の配当請求権と②残余財産分配請求権です。

剰余金の配当請求権は、株主総会の決議により利益配当の金額が確定したときに具体的に発生します。

残余財産分配請求権は、会社の解散時に債務を弁済した後に残る財産に関して分配を請求することができる権利をいいます。

共益権とは、会社の経営に参画することのできる権利です。主な権利は、①株主総会における議決権と②監督是正権（株主総会決議取消権、取締役の違法行為差止請求権など）があります。株主が単独でいつでも行使できるものと、一定数以上の議決権を有する株主が行使できるもの、6か月以上継続して株式を保有していることが行使の要件となっているものがあります。

■ 株式について

各株式の権利内容は原則として同一ですが、一定の条件下で、権利の内容が異なる株式が認められています。「特別な内容の株式」と「種類株式」です。

「特別な内容の株式」としては、①譲渡制限株式、②取得請求権付株式、③取得条項付株式があります。

①譲渡制限株式とは、株式の譲渡による取得について会社の承認が必要となる株式です。

②取得請求権付株式とは、株主が会社に対してその株式の取得を請求することのできる株式です。

③取得条項付株式とは、一定の事由が生じたことを条件として、会社がその株式を取得することができる株式です。

　次に、「種類株式」とは、株式会社が、剰余金の配当その他の権利の内容が異なる2種類以上の株式を発行した場合、その各株式をいいます。権利の内容が異なる種類の例をいくつか示します。

①剰余金の配当

②残余財産の分配

③株主総会において議決権を行使できる事項（議決権制限株式）

④譲渡制限（譲渡制限種類株式）

⑤株主から会社への取得請求権（取得請求権付種類株式）

⑥会社による強制取得（取得条項付種類株式）

などです。

　なお、非公開会社は、剰余金の配当、残余財産の分配、株主総会における議決権につき株主ごとに異なる取り扱いをする旨を定款で定めることができます。

株主　　　　　出資金に応じて　　　株式会社
　　　　　　　株式を発行

退職する際
出資金の返還は可能でしょうか?

——相談者 62 歳(男性)のケース

● 出資金は会社の資本

Q 私は今の株式会社の取締役になった際に、社長の要請で 100 万円を出資しました。今回、会社を辞めることになったのですが、100 万円の出資金を会社から返してもらうことができますか?

A 出資金が貸付金ではなく、株式取得ということであれば、残念ながら、原則としてお金を返してもらうことはできません。出資金は、会社の資本金などに組み込まれるものであり、もともと返還が予定されているものではありません。ですから、会社を辞めるからといってこの出資金を返してほしいという権利は、この方にはないのです。この点で、返還義務のある貸付金とは異なります。

相談者の資金回収方法としては、会社からの利益の配当金として受け取るか、誰かに買い取ってもらうことです。

買い取ってもらう際に注意すべきことがあります。上場していない中小企業では、株式に譲渡制限が加えられている場合がほとんどです。この場合には、株式を買ってくれる第三者を探した後に、取締役会(取締役会設置会社でない場合は株主総会)にその承認を求める必要があります。取締役会(ないし株主総会)の承認がとれない場合は、会社に対し他の買受人を指定することを請求できます。なお、これらは、定款で別段の定めが可能です。会社は、株式の譲渡を承認しないときは、自らその株式を買い取るか、買受人を指定しなければなりません。このような場合には、会社が買い取ることが多いようです。

株主総会は
最高の意思決定機関

■ 株主総会とその権限

　株主総会とは、株主により構成される株式会社の最高意思決定機関です。株主総会は、会社法に規定する事項及び株式会社の組織、運営、管理その他株式会社に関する一切の事項について決議することができます。ただし、取締役会設置会社においては、株主総会は、会社法に規定する事項及び定款で定めた事項に限り、決議することができます。

　計算書類（貸借対照表や損益計算書など）の承認は、原則株主総会の決議事項ですが、取締役会設置会社で会計監査人設置会社については、一定の要件に該当すれば、株主総会では報告をすれば足ります。

　株主総会には、毎事業年度の終了後、一定の時期に招集しなければならない「定時株主総会」と、必要がある場合にいつでも招集できる「臨時株主総会」があります。

■ 株主総会の招集

　原則として、取締役が招集します。ただし、総株主の議決権の100分の3以上の議決権を6か月前から引き続き有する株主は、取締役に対し、株主総会の目的である事項及び招集の理由を示して、招集を請求することができます（定款で異なる定めをすることもできます）。

　招集通知は、原則として株主総会の日の2週間前までに、株主に対して書面または電磁的方法によりその通知を発しなければなりません。ただし、非公開会社は、1週間前までに通知を発送すればよく、定款においてそれを短縮することも可能です。また、株主全員の同意があるときは、招集手続きを省略できます。

　一定の要件を満たせば、株主による議題提案権や議案提案権も認めら

れています。

■ 株主総会の議決権

　株主は、原則として、その有する株式1株につき1個の議決権を有します。ただし、2社が相互に株式を保有している場合（「相互保有株式」）には、一定の条件下で制限があります。また、自己株式（会社が所有する自己の株式のことで、金庫株とも呼ばれます）には、議決権はありません。

■ 決議の種類（3つ）

　1、普通決議

　議決権を行使することができる株主の議決権の過半数を有する株主が出席し、出席したその株主の議決権の過半数をもって決議を行うものです。対象となる決議事項としては、

> ①自己株式の取得（例外あり）
> ②役員（取締役、会計参与及び監査役）及び会計監査人の選任、解任
> ③役員の報酬
> ④剰余金の配当等

です。

　2、特別決議

　議決権を行使することができる株主の議決権の過半数（3分の1以上の割合を定款で定めた場合にあっては、その割合以上）を有する株主が出席し、出席したその株主の議決権の3分の2（これを上回る割合を定款で定めた場合にあっては、その割合）以上に当たる多数によるものです。対象となる決議事項としては、

①株式会社または指定買取人による譲渡制限株式の買い取り

②特定の株主からの自己株式買取り

③募集新株予約権の割当て

④定款の変更

⑤解散等

です。

3、特殊決議

　議決権を行使することができる株主の半数（これを上回る割合を定款で定めた場合にあっては、その割合）以上であって、その株主の議決権の３分の２（これを上回る割合を定款で定めた場合にあっては、その割合）以上の多数をもって行う決議（定足数なし）です。対象となる決議事項としては、

①株式の全部を譲渡制限株式とする旨の定款変更等

があります。

業務執行に関わる取締役、取締役会、代表取締役（社長）

　取締役・取締役会・代表取締役について、説明します。これらは業務執行に関わる機関です。代表取締役は一般的には社長と呼ばれることが多いです。

　取締役は、株式会社（取締役会設置会社を除く）の業務執行を行う機関です。

　取締役会は、3人以上の取締役によって構成され、代表取締役の選任をはじめ重要な業務について意思決定を行う機関です（この場合の取締役は取締役会の構成員であり機関ではない）。

　取締役会を設置するかどうかは任意となっています。ただし、公開会社（株式譲渡制限のない会社）では、設置が義務付けられています。

　代表取締役は、株式会社を代表する取締役をいいます。

■ 取締役会の職務

　①業務執行の決定

　②取締役の職務の執行の監督

　③代表取締役の選定及び解職

　があります。

　なお、取締役会は、重要な財産の処分及び譲受け、多額の借財、支配人その他重要な使用人の選任及び解任などについて、取締役に委任することはできないとされています。

■ 取締役会の招集・決議方法

　取締役会は原則として各取締役が招集します。原則として、取締役会の日の1週間前（定款で短縮が可能）までに各取締役及び各監査役に招

集通知を発送しなければなりません。

　取締役会の決議は、取締役の過半数が出席し（定足数）、その取締役の過半数をもって行うのが原則です。

　ただし、決議に特別の利害関係を有する取締役は、定足数にも入らないし、決議にも参加できません。例えば、会社と取締役との利益相反取引の場合や代表取締役の解職決議の対象となっている代表取締役などです。

■ 会社と取締役の関係

　株式会社と取締役との関係は、民法の委任に関する規定に従うとされています。よって会社の受任者である取締役は、善良な管理者の注意を持って、委任事務を処理する義務を負い、委任者である会社の請求があるときは、いつでも委任事務の処理の状況を報告しなければならないなどの義務を負っています。

■ 取締役の責任の主なもの

①善管注意義務

　前述の「善良な管理者の注意義務」のことをいいます。取締役は、会社の規模や事業内容からして一般的に要求される平均的な取締役の注意義務を尽くさなければなりません。これを怠ると、債務不履行として会社に与えた損害を賠償しなければなりません。この注意義務の程度は、自分の財産を管理するより高度なものとされています。

②任務懈怠責任

　取締役が任務を怠り、これにより会社に損害を与えたときは、会社に対して損害を賠償する義務を負います。

③剰余金の配当等に係る責任

　分配可能額を超えて剰余金の配当等を行った取締役は、金銭等の交付を受けた者と連帯して、交付額に相当する金銭を会社に支払う義務があ

ります。株主総会や取締役会に議案を提案した取締役や、取締役会決議
に賛成した取締役が対象となります。

④利益供与の責任

会社は、何人に対しても、株主の権利行使に関し、財産上の利益の供
与をしてはなりません。これに違反した取締役は、供与した利益額につ
いて会社に対し賠償する責任を負います。これは無過失責任です。なお、
取締役会決議に賛成したのみの取締役は、自己の無過失を立証すれば免
責されます。

⑤競業取引の責任

取締役が、自己または第三者のために会社の事業の部類に属する取引
を、株主総会あるいは取締役会（取締役会設置会社の場合）の承認を得
ずに行ったときは、取締役または第三者が得た利益が損害額と推定され、
賠償責任を負います。

⑥利益相反取引の責任

自己のために直接会社と利益相反取引をして会社に損害を与えた取締
役は、その損害を会社に対し賠償する責任を負います。

利益相反取引に賛成した取締役は、無過失を立証すれば免責されます。

監査役は
取締役の職務執行を監査する

　監査役、監査役会、会計監査人など、その他の機関について説明します。

■ 監査役

　監査役は、取締役や会計参与の職務の執行を監査します。会計に関する監査を「会計監査」、会計以外の職務執行に関する監査を「業務監査」といいます。非公開会社（株式譲渡制限のある会社。ただし、監査役会設置会社や会計監査人設置会社を除く）においては、定款をもって監査役の監査の範囲を「会計監査」に限定することができます。

　監査役の任期は、原則として4年（選任後4年以内に終了する事業年度のうち最終のものに関する定時株主総会の終結のときまで）です。非公開会社においては、定款により10年まで伸長することができます。

監査役の具体的権限

　①取締役会への出席義務があり、取締役会招集請求権や取締役会招集権があります。

　②事業報告請求権、業務・財産調査権があります。

　③取締役会や株主総会に対して、報告義務があります。

　④取締役の違法行為に対して差止請求権があります。

　⑤会社と取締役間の訴訟においては、会社を代表する権限があります。

■ 監査役会

　3人以上の監査役で構成され、そのうち半数以上は社外監査役でなければなりません。

　監査役会は、監査報告の作成、常勤監査役の選定及び解職、監査の方法、会社の業務及び財産の状況の調査の方法、その他監査役の職務の執行に

関する事項の決定を行います。

■ 会計監査人

　株式会社の計算書類及び附属明細書、臨時計算書類並びに連結計算書類を監査します。会計監査人は、公認会計士または監査法人でなければならず、株主総会により選任されます。

　その職務を行うに際し、取締役の職務の執行に関し不正行為等を発見したときは、遅滞なく監査役ないし監査役会に報告しなければなりません。

■ 会計参与

　会社の任意で設置できます。取締役と共同で、計算書類及びその附属明細書、臨時計算書類、連結計算書類を作成したり、会計参与報告の作成などをします。

　税理士、税理士法人、公認会計士、監査法人の資格が必要で、株主総会により選任されます。

■ 委員会設置会社について

　経営機構（執行役）と経営監視機構（取締役及び各種委員会）が分離した米国型の経営形態として、当初大会社にのみ採用可能でしたが、平成17年会社法により、すべての会社が採用できるようになりました。

　委員会設置会社を採用した場合は、取締役の中から、3人以上により構成される指名委員会、監査委員会、報酬委員会を設置しなければなりません。そして、各委員会の委員の過半数は社外取締役でなければなりません。

　さらに、取締役会の決議により、1人ないし2人以上の執行役を選任しなければなりません。執行役は取締役を兼ねることができます。

　各委員会は経営の基本方針等を決定し、執行役等（取締役、会計参与

含む）の業務の執行を監督します。

指名委員会

　株主総会に提案する取締役等の選任・解任に関する決議の内容を最終決定する権限を有しています。

監査委員会

　執行役等の職務の執行を監査します。

報酬委員会

　執行役等の報酬等の内容を決定します。

執行役

　会社の業務を執行する権限を有しています。

監査役　　　会計監査人　　　会計参与

第3章

株主代表訴訟

ポイント 32 株主は役員に対して株主代表訴訟を提起できる

　取締役など会社の役員と会社との関係は、一般に委任契約関係にあると解されていますので、会社の役員（「対象役員」といいます）が違法行為等何らかの責任を負うべき行動を行ったときには、本来ならば、会社自身が対象役員に対して、責任追及をすべきです。

　ところが、責任を追及すべき他の役員は、対象役員の会社の同僚であったり後輩であったりすることが多いです。そのため、会社が対象役員に対して責任を追及したり、訴えを起こすことは困難と言わざるを得ません。

　そこで、会社法は、株主が会社に対して、対象役員を相手に訴訟を提起することが要求でき、会社が対象役員を提訴しないときは、当該株主自身が、会社に代わって、会社のために、対象役員その他一定の者（「対象役員等」といいます）に対して責任を追及する訴えを提起できるようにしました。それが、「株主代表訴訟」といわれるものです。

■ 提訴できる範囲（対象）
　株主代表訴訟を提起することができる対象は、以下のとおりです。

①発起人、設立時取締役・監査役、取締役、会計参与、監査役、執行役、会計監査人及び清算人の責任追及
②株主の権利行使に関して利益供与を受けた者に対する利益返還の請求
③不公正な払込金額で募集株式・新株予約権を引き受けた者に対する公正な価額との差額の支払い請求
④払込を仮装した設立時募集株式の引受人の責任追及

■ 提訴できる株主（原告適格）

　6か月以上継続して株式を保有する株主です。ただし、非公開会社（すべての株式に譲渡制限がある会社）には、この保有期間の要件はありません。

■ 手続きについて

会社への提訴請求

　株主は、会社に対して対象役員等を訴えるように書面等をもって請求します。対象役員が取締役や執行役の場合には、監査役設置会社では監査役が会社を代表するので、監査役が名宛人となります。

　濫訴防止のため、同訴訟が当該株主もしくは第三者の不正な利益を図り、または会社に損害を加えることを目的とするときは提訴できないとされています。

60日の期間経過

　株主による提訴請求から60日以内に会社が訴えを提起しないときは、株主は訴えを提起できます。ただし、同期間経過を待つと回復できない損害が発生するおそれがある場合は60日の要件は不要です。

　なお、当該株主から会社に対して提訴をしない理由（不提訴理由）を明らかにするように請求があったときは、会社は遅滞なく当該株主への不提訴理由の通知が必要です。

印紙代・担保提供について

　株主代表訴訟は、株主が勝訴した場合には会社に利益は生じますが、株主に直接利益が帰属するわけではありません。そこで、同訴訟は非財産上の訴訟と見なされ、訴訟の目的の価額は160万円となり、印紙代は一律に1万3000円となります。

　なお、会社荒らしなどの濫訴を防止するため、裁判所は被告（対象役員）の申立により、当該株主に対して相当の担保を立てるべきことを命じることができます。

訴訟告知・訴訟参加

代表訴訟を提起した株主は、遅滞なく会社に対してその旨の告知が必要です。告知を受けた会社は遅滞なく、訴え提起の旨の公告または株主への通知をしなければなりません。馴れ合い訴訟の防止等のため株主または会社は同訴訟に訴訟参加できます。

■ 会社役員賠償責任保険

会社役員は株主代表訴訟を提起されないように、コンプライアンス経営を心掛ける必要があることは言うまでもありません。

ただ、実際に訴訟を提起された場合には、その賠償責任額は億の単位になることもまれではありません。こうしたリスクを避けるために「会社役員賠償責任保険」というものがあります。加入を検討されることをお勧めします。

◆株主代表訴訟のしくみ

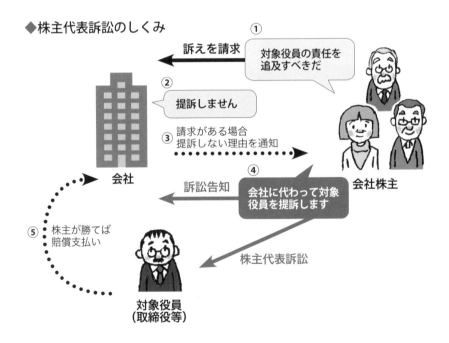

① 対象役員の責任を追及すべきだ
訴えを請求
② 提訴しません
③ 請求がある場合 提訴しない理由を通知
④ 訴訟告知　会社に代わって対象役員を提訴します
会社
会社株主
⑤ 株主が勝てば賠償支払い
株主代表訴訟
対象役員
(取締役等)

第3部

労働者を雇う際に知っておきたいこと

経営者と労働者の良好な関係性を築く

　事業は一人で行うこともできないわけではなく、そのような企業も現に存在しています。しかし、多くの場合、事業を広げていこうとすると、一人では無理で誰かの協力が必要です。人を雇うことが必要となります。

　雇われた人（従業員）を「労働者」といいますが、経営者が労働者を雇うにあたって守らなければならないことが、労働基準法、労働契約法などに定められています。知らなかったでは済まされず、最悪の場合は、刑事処罰を受けることにもなりかねません。

　また、経営者が労働者との関係をどのように良好な関係にできるかは、企業の発展にとって不可欠のこととなります。労働者が働きがいをもって働けるかどうかは、労働者に生きがいを与えられるかどうかということですが、それは、会社の持続的発展のためにも不可欠なことです。

　そこで、この第3部では、労働者を雇う際に知っておきたいことの最低限について、まとめました。

第1章

労働法制について

ポイント 33 労働時間が 法律で決められている

■ 労働時間の決まり

経営者と労働者との関係の中で一番重要なことは、労働時間です。

各種法律ができる前には、経営者は労働者を長時間働かせ売上や利益を上げたいと思い、また、労働者も長時間働いて給与を増やしたいと思うことから、長時間労働がまかり通っていました。その結果、過労死、疾病など労働者に不幸な事態が次々と発生し、そのことは会社経営においてもマイナスをもたらしました。

そこで、労働時間について規制する労働基準法などの法律ができました。

■ 1日8時間・1週40時間

最初に大原則です。1日の労働時間（実際に労働する時間）は8時間以下であり、かつ1週間の労働時間は40時間以下でなければなりません。長時間労働から労働者の健康を守るための規制です。

例外その1「特例事業」

「特例事業」の場合については、週44時間が限度です（1日は8時間）。特例事業とは、常時使用する労働者が10名未満の商業（卸・小売業、理美容業、不動産管理業など）、映画・演劇業、保健衛生業（病院、保育園、老人ホームなど）、接客娯楽業（旅館、飲食店など）です。

例外その2「36協定」

労使間で協定（労働基準法36条に規定されているので「36協定」＝「さぶろくきょうてい」といいます）を結び、労働基準監督署に届け出ることを条件として、規制の時間外の労働が認められます。この時間外労働（いわゆる「残業」）については、時間外手当を加算して支払わなければなりません。

なお、残業時間の法的制限について　ポイント 36　P181 を参照。

例外その３ 「変形労働時間制」「フレックスタイム制」「みなし労働時間制」

例外の制度が３つあります。

①変形労働時間制

１日、１週の労働時間が法定労働時間を超えることもあるが、一定期間を平均すれば週40時間以下であるものです。

②フレックスタイム制

労働者の出退勤時刻について自己決定させる制度です。

③みなし労働時間制

営業で外に出る機会の多い業務、労働者の裁量の多い業務などについて、実際に働いた時間とかかわりなく１日の働いた時間を何時間と決めるものです。

これらの例外的制度については、それぞれ要件があり、労働基準監督署への届出も必要です。詳しくは、ポイント 35　P178 にて説明します。

■ 労働時間と拘束時間

拘束時間とは、労働時間と休憩時間を合計した時間です。朝９時出勤、午後６時退勤で９時間労働者を拘束しても、その間に昼休み１時間があれば、労働時間は８時間となり適法になります。

■ 労働時間の判断基準

労働時間は、使用者の指揮命令下にある時間をいい、労働者が現実に精神または肉体を活動させている場合だけではありません。「手待時間」は労働者の自由利用が保障されていませんので労働時間となりますし、作業前の準備や作業後の後始末等は、たとえ使用者の明示の指揮命令がなくても、本作業に付随したものとして使用者の指揮命令下にあるもの

として、労働時間となります（判例）。

■ 法定労働時間と所定労働時間

　「法定労働時間」は、法律で定められている最長の労働時間です。これに対し「所定労働時間」は、就業規則などで使用者と労働者が取り決めた労働時間（就業時間）です。法定労働時間を遵守していれば、所定労働時間を超えた労働に従事しても違法にはなりません。また、前述した時間外手当の加算は、法律上必要なものとはなりません。もっとも、就業規則等に加算の規定があれば、加算されます。

休憩と休日も
法律で決められている

■ 休憩時間

　労働基準法は、①労働時間が6時間を超える場合は少なくとも45分の、②労働時間が8時間を超える場合は少なくとも1時間の休憩時間を与えなければならないと定めています。休憩時間の最長の法律的制限はありませんが、労働者を拘束することになるので長すぎるのもいかがなものかと思います。また、原則事業所ごとに一斉に取らせる必要があります。

　休憩時間は、使用者の指揮監督下にない時間ですので、使用者は労働者に、休憩時間を自由に使わせなければなりません。しかし、完全な自由ではなく、使用者に拘束されている時間であることに違いなく、飲酒等勤務に支障のある行為は許されません。

　昼休憩時間ではあるが、弁当を食べながらも電話の対応をしてもらっている事業所を散見しますが、これは休憩時間ではなく労働時間に含まれますので注意が必要です。昼の電話当番が必要なら、その当番の労働者の休憩時間を昼前後にずらすようにするべきです。

■ 法定休日

　労働基準法は、①使用者は労働者に対して、毎週少なくとも1回の休日を与えるか、②4週間を通して4日以上の休日を与えなければならない、と定めています。

　このように、法律により最低限与える義務がある休日のことを「法定休日」といいます。

　法律は以上のような規定しかありませんので、日曜日や祝日を「法定休日」にしなければならないということはありません。（ただし、祝日

は業務を休むこととされている官庁や銀行などは別です）

「週休2日制」を採用している企業は多いと思いますが、法定休日は1日であり、もう1日は法定外休日となります。ですから、法律上は、休日労働 ポイント 36 P181 に対し義務付けられている35％以上の割増賃金は、法定休日の1日のみが対象となります。もちろん、就業規則によって、もう1日も35％以上の割増賃金を支払うようにすることは問題ありません。

■ 休日と休暇

休日とは、労働義務のない日のことです。使用者の賃金支払義務もありません。これに対して休暇とは、特定の事由が生じた場合に限り休むことができる日のことです。賃金支払義務については、会社がどのように決めるかによります。

■ 振替休日と代休

似たような言葉ですが、振替休日と代休についても法律上の取り扱いは大きく違いますので、注意が必要です。

振替休日とは、休日に出勤してもらいたいときに、予め法定休日（例えば日曜日）を労働日（例えば火曜日）と振り替えることです。

これに対して、代休とは、法定休日（例えば日曜日）に出勤してもらったときに、その代わりとして、労働日（例えば翌週の火曜日）を休んでもらうことです。

前者（振替休日）の場合には、1週間の労働時間が法定労働時間である40時間以内であれば、特に時間外労働や休日労働に伴う割増賃金は発生しません。

これに対し、後者（代休）の場合には、まず法定休日に働いたという事実が先にきますので、休日労働に伴う35％以上の割増賃金が発生し

ます。

　また、振替休日の場合には休日労働ということにはなりませんので、いわゆる「36協定」（時間外労働や休日労働を行うための労使協定）の締結も必要ではありませんが、代休の場合には休日労働が発生しますので、36協定と労働基準監督署への届出が必要となります。

　なお、会社の都合により休日出勤をしてもらった場合に、必ず代休を与えなければならないかというと、必ずしもそうではありません。

法定労働時間には
例外の制度がある

ポイント **33** P172 で述べたように、労働時間については、1日8時間以内、1週40時間以内ということが法律で定められています。しかし、業種業態によっては、上記法定労働時間制の適用がふさわしくない場合があり、例外の制度が認められています。

■ 変形労働時間制

　一定期間（1週間、1か月、1年以内の期間）を平均すれば週40時間以下であればよいとする制度です。

　1週間単位の場合は、前の週に翌週の労働時間割を定めて従業員に通知します。商店、旅館、飲食店などの労働者が30人未満の事業所が可能です。労使協定を結び労働基準監督署（労基署）に届け出る必要があります。

　1か月単位の場合は、1か月以内の一定期間を定めて、この期間において週平均40時間以下とするものです。労使協定ないし就業規則により実施できます。

　1年単位の場合は、1か月を超え1年以内の一定期間を定めて、この期間の労働時間が週平均40時間以内とするものです。就業規則の定め、労使協定の締結、労基署への届出が必要です。

■ フレックスタイム制

　月に勤務すべき総労働時間数（ノルマ）を定めるだけで、出勤時刻・退勤時刻を労働者が自由に決めることのできる制度です。ただし、最低限の勤務を義務付ける時間帯（コアタイム）とその前後の時間帯（フレキシブルタイム）を設定することができます。

就業規則に定め、労使協定で、対象者の範囲、清算期間（3か月以内）、清算期間における総労働時間などを定めなければなりません。清算期間が1か月を超える場合には、①清算期間全体の労働時間が、週平均40時間を超えないこと、②1か月ごとの労働時間が、週平均50時間を超えないことが必要です。また、この場合には、労使協定を労基署に届出することが必要です（清算期間が1か月以内の場合は届出不要）。

なお、まる1日出勤しない場合は欠勤扱いとなります。また、法定休日に働いた場合は休日労働扱いとなりますが、法定外休日に働いても休日労働扱いにはなりません。

■ みなし労働時間制

実際に働いた時間と関係無く、1日に働いた時間を何時間とみなして、その時間を基準として賃金を支払う制度です。3種類の制度があります。事業場外労働、専門業務型裁量労働、企画業務型裁量労働です。

①事業場外労働

営業職、取材記者や出張の場合など、社外勤務により労働時間の算定が困難な場合に適用できます。

みなし労働時間は「1日何時間」というように日単位で決めます。営業部員が1日中社内で勤務した場合は、みなし労働時間制は適用されません。

②専門業務型裁量労働

国が指定した特定の専門知識、技術を要する労働（業務）について、みなし労働時間制が認められています。

例としては、新商品などの研究開発、記事などの取材・編集、衣服・広告などのデザイナー、大学における教授研究、一級建築士、公認会計士、税理士、弁護士、中小企業診断士など。

適用業務の範囲とみなし労働時間を定めなければなりません。

　また、労働者の健康・福祉を確保するため、休日や健康診断などに付き労使協定の締結が必要です。

③企画業務型裁量労働

　本社その他の一定の事業場において、企画、立案、調査、分析の業務に従事する労働者を対象とした労働時間制です。労使委員会の設立、決議、対象労働者の同意が必要であり、同委員会の決議は労基署に届出なければならないことになっています。

ポイント 36 時間外労働には 36協定の届出が必要

■ **時間外労働・休日労働とは**

ポイント **33** P172 で述べたように、法律は労働時間について、原則 1日8時間以内、1週40時間以内としています（変形労働時間制など 例外も法定されています）。このように法定された労働時間を超える労 働を「時間外労働」といいます。

一般的には「残業」と呼ばれることもありますが、正確には、残業にも、 法定労働時間内の残業（会社の定めた所定労働時間を超えるが法定労働 時間内のもの。法内残業といいます）と法定労働時間外の残業がありま す。後者が「時間外労働」となります。

また、休日に働くことを「休日労働」といいますが、前述した残業と 同じように、法定休日に働くことは法定休日労働、法定休日ではないが 会社が休日と定めている休日に働くことは法定外休日労働といいます。

割増賃金

時間外労働には、割増賃金を支払う必要があります。その割増率は、 25％以上（月60時間を超えると大企業は50％以上、中小企業は2023 年3月末まで猶予）です。

また、法定休日労働についての割増率は35％以上です。

深夜業（午後10時～翌朝5時）については25％以上となります。

ですから、例えば午後10時以降の時間外労働となったときは、25（時 間外労働分）＋25（深夜業分）＝50％以上の割増賃金の支払いが必要です。

■ **36 協定の締結・届け出**

労働者に時間外労働や法定休日労働を行わせる場合には、「36 協定」 を締結し、労働基準監督署に届け出ることが必要です。

36協定は、使用者と労働者（労働組合か労働者の過半数を代表する者）との間の労働基準法36条（時間外及び休日の労働を定めている）に基づく協定です。

36協定では、1日、1か月及び1年間について、時間外労働の上限時間を定めなければなりません。

◼ 労働者の承諾がいるか

具体的に時間外労働や休日労働を行ってもらうにあたり、労働者の承諾がいるでしょうか。かつては、労働者の承諾がいるとの判例もありましたが、その後承諾はいらないとの最高裁判決が出ています。時間外労働を会社が命じるときは、仕事処理の関係でやむを得ない場合ですから、労働者はこれに従わなくてはなりません。正当な理由無く残業命令を断った場合には、労働者に対する懲戒処分がなされることもあります。

◼ 違法な「サービス残業」

サービス残業とは

会社の所定労働時間を超えて働きながら、法内残業代や時間外労働代（割増賃金含む）が支払われていない状態のことを、一般に「サービス残業」といいます。これは、明白な違法行為です。

経営者にあっては、会社内の残業手続きをきちんと定め、労働者の残業に対してはそれに見合った賃金を支払わなければなりません。

とくに最近問題となっているのは「名ばかり管理職」の問題です。

時間外労働についての上記のような法律の規制は「管理監督者」には適用されません。管理監督者に対しては、残業代を支払う必要はないということです。

しかし、労働者が「管理監督者」と言えるためには、経営者と一体的立場であるなどの要件が必要です。マクドナルドの元店長の未払残業代

支払請求に対して裁判所は、店長は管理監督者に当たらないとして、会社に対し約750万円の支払いを命じました（平成20年1月、東京地裁）。

残業時間にも法的制限がある

残業（時間外労働）について使用者と労働者との間で36協定による合意がなされたからと言って、いくらでも残業をしていいわけではありません。長時間労働は過労死に至る場合もあり、法律により残業時間について法的制限がかけられています。

残業時間の上限は、原則月45時間、年360時間。臨時的に特別な事情があり労使が合意する場合には、年720時間以内、上限は単月100時間未満、2～6か月平均でも月80時間以内のすべてが守られている必要あります。詳しくは ポイント **54** P268 。

残業代請求、
会社が気をつけるべきことは？

——相談者 50 歳（男性）のケース

● 事実関係を確認し未払いがあれば対応

Q 昨年退職した元従業員の代理人弁護士から未払残業代として約 100 万円を請求する内容証明郵便が届きました。突然のことで、かつ金額も大きい話なので、とても驚いており、どうしたらいいのか戸惑っています。やはり、残業代は払わなければならないのでしょうか。対応方法を教えてください。

A まずはその通知書の内容をよく読んだ上で、事実関係を確認しましょう。具体的には、残業代請求の根拠となっている残業の日数や時間数について、タイムカードなどの客観的な記録と照らし合わせながら確認することが重要です。従業員の仕事の内容や形態によっては、そもそも残業代が発生するのかどうか微妙であったり、残業代の計算が複雑になるケースもあります。

　ですから、事実確認と合わせて早い段階で弁護士や社会保険労務士といった専門家に相談されることをおすすめします。

　事実関係を確認した結果、未払いの残業代があるということになると、これはやはり支払わなければなりません。ただし、支払金額や支払いの方法については、交渉の余地がある場合も多いので、いくらかの減額を申し入れてみたり、分割払いの提案をしてみてもよいでしょう。

Q 今後同じようなことにならないためには、どうすべきでしょうか。

A 会社にとって残業代に関する紛争を生まないよう、事前の対策をとっておくことはとても重要です。具体的には、まずは従業員の労働時間を把握することです。タイムカードや勤怠管理システムなどにより、客観的に把握することが重要です。それと合わせて、残業時間中もきちんと仕事をしているのか、そもそも残業の必要性があるのかなど、残業の実態を把握することも重要です。

　それらを踏まえて、従業員に対して残業時間抑制を呼びかけたり、ノー残業デーや残業の許可制を導入したりすることが考えられます。

　また、部署間や従業員間で労働時間に差がある場合には、配置転換や業務分担などによりバランスをとることで、会社全体としての残業時間を抑制することができる場合もあると思います。

　つまり、単に労働時間を把握するだけでなく、積極的に従業員の労働時間を管理、コントロールして、必要以上の残業を生まないようにするということです。

休暇・休業も法定されている

■ 休暇と休業の意味

　「休暇」とは、労働者に労働する義務がある日に、使用者がその労働義務を免除する日のことです。「休暇」と「休業」とを厳密に区別する基準はありませんが、「休暇」のうち連続して取得することが一般的であるものを「休業」としています（厚労省通達）。法律も両者を微妙に使い分けています。

■ 休暇・休業の種類

　法の要件を満たすことにより当然に労働者に認められる「法定休暇」と休暇を労働者に与えることを使用者が就業規則などで任意に定めている「法定外休暇」があります。

　法定休暇には、年次有給休暇、生理休暇、産前産後休暇、育児休業、介護休業があります。法定外休暇には、会社によって異なりますが、結婚休暇、忌引休暇、リフレッシュ休暇などがあります。今回は法定休暇について、ポイントとなる点に触れます。

■ 年次有給休暇

　労働者が休んでも給料を与えることが使用者（会社）に義務付けられている休暇です。労働者が雇用から6か月経過し、その間の出勤率が8割以上であれば、使用者は1年間に10日の有給休暇を与えねばなりません。それ以降、1年ごとに一定の日数が加算され、20日になった（勤続年数6年6か月）後は毎年20日となります。パートタイマーや臨時雇いでも取得できます。ただし、週の労働日数が4日以下の場合は按分比例で算定された日数となります。時効は2年です。

　なお、年5日以上の年次有給休暇を取得させる義務が使用者に課せられました。 ポイント 54 P269

■ 時季変更権

　労働者は、どういう目的で取得するかとか関係なく有給休暇取得の申請ができますが、使用者は、「業務の正常な運営を妨げる場合」には、取得時期をずらしたり、日数を少なくしたりするなどの変更を加えることができます。これを「時季変更権」といいます。しかし、単に忙しいからというだけでは該当せず、交代要員もおらず業務が正常に運営できなくなるような場合であることが必要です。

■ 生理休暇

　女性労働者が生理日に、その日に働くことが著しく困難な場合に、同労働者が請求した場合に取得が認められます。使用者は、拒否した場合には30万円以下の罰金に処せられます。

■ 産前産後休暇

　労働者は出産予定日の6週間前（双子以上妊娠のときは14週間前）からとることができます。労働者自身の請求が必要です。出産予定日が遅れたとしても、遅れた期間も産前休暇となります。これに対し、産後休暇は8週間であり、就業禁止なので使用者は働かせてはなりません。ただし、6週間経過し、本人が希望すれば、医師の診断により就業させても構いません。

■ 育児・介護休業

　育児休業（育休）は、満1歳未満の子どもがいる者（男女を問わない）が、その子どもが生後1歳の前日になるまで、会社に請求することによ

り、子どもの世話をするために会社を休業できる制度です。保育所が定員いっぱいで入居できないなどの事情があるときは、生後1歳6か月まで取得できます。さらに、一定の要件を満たす場合は、最長で子が2歳に達する日前まで可能です。

　男性が育休をとることを普通とするために、育休をとる男性のことを「イクメン」と呼んで応援している会社もあります。

　介護休業は、介護を要する家族（配偶者、父母、子、配偶者の父母、祖父母、兄弟姉妹、孫）がいる場合に、会社に請求することにより、休業できる制度です。超高齢社会の到来に伴い、介護休業はどの会社においても避けることのできない問題となっており、積極的な取り組みが必要とされています。

　これらについて詳しくは、育児・介護休業法に定められています。

　いずれも、休業する労働者の生活の安定のため、国の給付金制度があります。育児休業給付金・介護休業給付金とも、原則として事業主を経由して申請手続が行われますので、事業主は、これに協力しなければなりません。

◆育児休業とは

対象者	満1歳未満（または1年6か月未満、最長2歳未満）の子どもがいる者
会社への申出	休業開始の1か月前までに行う

◆介護休業とは

対象者	2週間以上の介護を必要とする配偶者、父母、子、配偶者の父母、祖父母、兄弟姉妹、孫がいる者
会社への申出	休業開始の2週間前までに行う

賃金支払いの5原則がある

■ 賃金支払いの5原則

　使用者は労働者を雇い、その対価として賃金を支払うことになるのですが、賃金支払いについて守らなければならない原則があります。次の5つの原則です。

　①通貨払い（商品などの現物支給は禁止です）

　②直接払い（代理人や親などへの支払は禁止です）

　③全額払い（ただし所得税や社会保険料等天引きは可）

　④毎月1回以上支払い

　⑤定期日払い（毎月決められた日に支払うことです。定期日以外にも臨時に支払うことは問題ありません）

■ その他の賃金に関する規制

　主要な点は以下のとおりです。

男女同一賃金の原則	労働者が女性であることを理由として差別的取扱をしてはなりません。
前借金相殺の禁止	使用者は、労働者に対する前借金その他労働することを条件とする前貸の債権と賃金を相殺することはできません。ただし、労働者の任意の合意があれば問題ありません。
割増賃金	時間外労働の項目 ポイント 36 P181 にて説明しました。
休業中の手当	使用者の責任で休業する場合においては、労働者に平均賃金の60％以上の手当を支払わねばなりません。

減給処分の制限	処分1回の額は賃金1日分の半分、総額は月10%が限度となります。
最低賃金	地域別（各都道府県）と産業別の最低賃金が法定されており、これを下回る賃金の定めは無効となります（最低賃金以上を支払わねばなりません）。
差押禁止	税金等を控除した手取金額の4分の3か33万円のいずれか低い金額は差押えが禁止されています。

■ 賞与

賃金と異なり、賞与は、会社に支払義務はありません。業績によって変動するものであり、慣行や社内の規則にて定めるのが一般的です。

■ 退職金

これも賞与と同様、会社に支払い義務はありません。しかし、多くの会社では就業規則・退職金規定などによって一定の支払い基準を決めて支払っているようです。

■ 就業規則

常時10人以上の労働者を雇用している会社には法律上の作成義務があり、労働基準監督署に届出しなければなりません。労働条件、賃金、人事、服務規律、教育訓練、安全衛生・労災、福利厚生などに関する事項を記載します。これは、使用者と労働者との間の契約事項になりますので、使用者（会社）も従業員も、ともに遵守しなければなりません。

10人未満の会社には法律上の作成義務はありませんが、企業の安定した発展のためには作成することが望ましいと思います。

就業規則には記載されていないが職場において生じている事態について、労使ともが認めている状況を「慣行」といいますが、これも就業規

則と同様に効力を持ちますので注意が必要です。

■ 就業規則の変更

労働者の労働条件を有利に変更する場合は問題ありませんが、不利にする場合（「不利益変更」といいます）には問題です。

使用者は、変更後の就業規則の内容を労働者に周知させ、かつ、同変更が合理的であることが必要です。「合理的」の判断基準は以下のとおりです。

①労働者の受ける不利益の程度
②労働条件の変更の必要性
③変更後の就業規則の内容の相当性
④労働組合等との交渉の状況
⑤その他就業規則の変更に係る事情

■ 労使協定・労働協約

労使協定は、労働者の過半数で組織されている労働組合か全体の労働者の過半数を代表する者と使用者（会社）との契約であり、労働者全員に適用されます。

労働協約は、使用者と労働組合との間の契約であり当該労働組合員に適用されます。

労災で会社に責任が発生する場合がある

■ 労働災害とは

労働災害とこれに関する会社（経営者）の義務について、その概略を説明します。

労働者が就業中などにけがをすると、会社にはときには膨大な損害賠償責任が発生し、また、会社に資金的な余裕がないときは、労働者には賠償金の支払いがなされず救済されないことになります。そのような事態を避けるため、国は、労働災害に関して労働者を救済する仕組み「労働者災害補償保険」（以下「労災保険」といいます）を作っています。

会社（経営者）は労働者を一人でも雇えば、労災保険に加入することが義務付けられています。これにより、労働者は労働災害にあったときは労災保険からの給付を受けることができます。労働災害には、業務災害と通勤災害があります。

■ 業務災害として給付を受けるには

ケガや病気などの災害が業務上発生した場合です。業務災害として保険給付を受けるためには「業務起因性」と「業務遂行性」という2つの要件を満たす必要があります。

業務起因性とは、災害の原因が業務に従事していたことによる（因果関係があること）をいいます。よく問題とされるのは、労働者が精神障害や過労死に至った場合に、その原因が業務にあったのかどうかということです。仕事上の強いストレスにより精神障害になったとしての労災申請は増加傾向にあるようです。こうした場合に、業務以外での自分自身や家族などについてのストレスは無かったのか、あるいは、本人に既往歴が無かったのかなど、他の原因の有無が検討されることになります。

　業務遂行性とは、災害が業務に従事していたときに発生していること
をいいます。勤務時間中ではあるが、職場を離れて私用を行っていたと
きに災害にあっても、業務遂行性が無いとして、労災給付の対象とはな
りません。ただし、始業前の更衣や種々の準備作業などでの災害は、始
業前であっても業務に付随する行為ですので「業務遂行性」が認められ
ています。接待のための宴会やゴルフ中の災害に「業務遂行性」が認め
られるかは問題があります。取引先との関係や上司の命令の有無、経費
の負担などを勘案し、接待の必要性が高く接待に格別の理由があれば「業
務遂行性」が認められることになると思います。

■ 通勤災害として給付を受けるには

　通勤のための往復途上における災害のことです。通勤災害として労災
給付を受けるためには「就業関連性」の要件が必要です。すなわち、就
業に関し、住居と就業の場所との間を、合理的な経路と方法で往復する
ことです。ですから、例えば会社からの帰りに寄り道をしてパチンコを
していたところ災害に遭っても、通勤災害には該当しません。ただし、
通勤途中で日常生活上必要な行為（日用品の購入や病院での診療、選挙
の投票など）での寄り道中に、災害に遭えば、通勤災害に該当します。

■ 労災給付の種類

　給付の種類としては、療養（治療費）給付、休業給付、傷病年金、障害給付、介護給付、遺族給付、葬祭給付があります。休業給付については、休業4日目から平均賃金の6割（特別支給金を含めると8割）が支払われます。また、業務災害の場合は最初の3日間については、会社は平均賃金の6割を労働者に支払わなければなりません。

■ その他に行う会社の義務

　業務災害が発生した場合には、会社は労働基準監督署への報告義務があります。これが「労働者死傷病報告」です。

　会社には労働者への安全配慮義務があり、違反した場合には労働者から損害賠償請求を受けることがあります。

■ 労災給付を超える損害

　労災によって発生した労働者の損害について、会社の安全配慮義務違反が認められる場合は、その労働者の過失の程度などを勘案し、会社が負担すべき損害金が決まります。なお、慰謝料（精神的損害）は労災給付にはありませんから、注意が必要です。

　会社が負担すべき損害金が労災給付を超える場合には、会社は超える部分を労働者に支払わねばなりません。

採用に当たっても
注意すべきことがある

　会社の経営は自分一人でできないこともないですが、多くの場合には他の人を雇うことになります。採用（募集）の場面においても法律的に注意すべきことがあります。

■ 年齢制限の原則禁止

　従業員を募集するに当たっては、原則として年齢制限や性別制限をしてはなりません。

　年齢制限について例外が認められるのは、定年年齢を上限としての募集、法令により年齢制限がなされている場合、長期勤続によるキャリア形成のために若年者を期間の定めのない労働契約の対象として募集する場合、芸術・芸能分野において表現の真実性等のために特定の年齢層に限定して募集する場合、などです。

■ 性別制限の原則禁止

　男女の制限が許される例外は、モデルや俳優など芸能関係、警備員など防犯関係、ホスト・ホステス、あるいは法律により男性や女性に就業制限のある場合などです。こうした例外を除き性別により募集や採用に当たり差を設けることは、男女雇用機会均等法に違反します。また、未婚や子どもの有無などを女性の採用基準に設定することも同様です。

　ただし、職場の女性の人数が男性に比べて相当程度少ない場合に、女性を優先して採用することは認められています（現に存在する男女差別を積極的に解消する行動という意味で「ポジティブ・アクション」といいます）。

■ 思想信条で合否を決定しても良いかどうか

　採用試験に当たり、応募者に対して思想信条に関する申告を求めたり質問をして良いかという問題です。

　憲法には基本的人権として思想信条の自由がうたわれていますが、他方、会社には財産権・経済活動の自由が保障されています。なかなか難しい問題です。最高裁の判例（昭和 48 年 12 月 12 日）は「思想・信条を調査し、そのために関する事項について申告を求めることも、違法行為とすべき理由は無い」と述べていますが、思想・信条の申告を求めるかどうかについては、慎重に判断すべきと思います。

■ 内定と内定取消

　新卒者の採用に当たっては通常、内定から正式採用となる過程を経ます。内定はまだ正式では無いから、その取消は容易にできるのではないかと考えられがちですが、間違いです。

　内定の法的性格は、「就業始期付・解約権留保付労働契約」とされています。解約権は留保されているのですが、正式な労働契約の成立に違いありません。すなわち、契約は申込みと承諾により成立しますが、会社の募集に対する応募者の応募が申込み、会社からの内定通知が承諾とされており、その時点において労働契約が正式に成立したことになります。解約権留保というのは、例えば内定者が予定どおり卒業できなかった場合や就業困難な病気になった場合などに、会社は労働契約を解約できる権利を有しているということです。

　内定取消は、労働者を解雇する場合とほぼ同様の理由が必要で、「客観的に合理的と認められ、社会通念上相当」（判例）でなければなりません。

　これに対し、内定者からの内定辞退については、2 週間の予告期間があれば自由にできます（民法 627 条）。ただし同辞退が著しく信義則に

反する場合は、内定者に損害賠償義務が発生することもあります。

■ 新社員に対し労働条件通知書を交付する

　会社（使用者）は入社する社員に対して、賃金、労働時間その他の労働条件を明記した「労働条件通知書」を交付しなければなりません。市販のものもありますので必ず交付をしてください。

■ 新社員に身元保証書を提出してもらう

　入社の際には、保証人が署名した「身元保証書」を提出してもらうのが一般的です。会社に損害を与えたときの担保とするものです。保証人に過大な負担を負わせないように、有効期間は5年以内となっています。

決定した後の内定取消は
違法ですか？

——相談者45歳（女性）のケース

• 内定取消は労働者解雇と同等レベルである認識を

Q 4月採用予定で、新入社員5名の内定を決定していました。しかしその後、うち1名の内定者が粗暴だといううわさを聞きました。この1名について内定取消をした場合、違法になるのでしょうか。

A 「内定」という言葉のニュアンス、すなわち、何となく内々の決定であり、まだ正式決定では無いので、企業側が割と自由に内定取消ができるかのようなイメージを受けるかも知れませんが、それはまったくの誤解です。「内定」は、企業と労働者（内定者）との間の正式な労働契約の成立を意味しています。ただし、この労働契約は、解約権留保付き、そして、就労始期付きということではありますが。「就労始期付き」とは、例えば、来年の4月1日からというように、就労を開始する日が決められていることです。

次に、「解約権留保付き」ですが、採用内定通知書または誓約書に記載されている内定取消事由（例えば、内定者が予定どおり卒業できないこと）が生じたときは、会社は内定を取り消すことができるということです。そういう解約する権利が会社に留保されている契約ということです。

内定取消の適法性の判断基準ですが、取消事由が「客観的に合理的で社会通念上相当」として是認できるか否かということです。もっと分かりやすく言えば、内定取消は労働契約の解除となるわけですから、現に働いている労働者を解雇できるかという場合と、ほぼ同様の判断基準になるということです。

ですから、粗暴だといううわさのみでの内定取消は違法と思われます。

懲戒処分には
戒告から解雇まである

■ 懲戒処分の種類

会社により様々な処分がありますが、一般的には以下のとおりです。

○戒　　告

懲戒処分のうちで最も軽く、労働者に警告し将来を戒めるものです。
「譴責（けんせき）」とか「訓戒」ともいいます。

○減　　給

言葉のとおり、制裁として本来の賃金を減額するものです。

○昇給停止

一斉昇給の時期に懲戒対象者のみ昇給を行わないことです。

○出勤停止

一定期間出勤を停止してその間の賃金を支払わないことです。

○降　　格

役職の等級を下げることです。その結果賃金も下がることになります。

○諭旨解雇

対象者に退職を勧告して自己都合退職させることです。

○懲戒解雇

最も重い懲戒処分です。重大な違反行為に対する制裁として行われる解
雇のことです。

■ いくつかの注意点について

1、減給制限

　減額処分の場合の減額については、法律により制限されています。減額金額は、1回の制裁につき賃金の半日分、複数回の制裁の場合は月の賃金総額の10分の1が限度とされています。

　なお、降格の場合も減給となりますが、それは役職の変更によるものであり、上記制限を超えても違法とはなりません。

2、出勤停止期間

　出勤停止期間は、その期間分の賃金は支払われないのが通常です。労働者にとっては厳しい収入減少となります。勤務しなかったことによる減給なので上記の減給制限はありません。ただし、その期間については、対象となった規律違反行為との関係で長すぎるものは違法となる可能性もあります。一般的には、7日、10日、14〜5日とする会社が多いようです。

3、懲戒処分の理由の開示

　就業規則上、懲戒処分の理由を開示して弁明の機会を与えることになっていれば、理由の不開示は就業規則違反となります。また、そうでなくとも適正手続きの観点からは、懲戒処分の理由を開示して対象労働者に弁明の機会を与える必要があります。

　なお、労働基準法22条2項では、労働者が解雇の理由に関する証明書を請求した場合は、使用者は遅滞なくこれを交付しなければならないと定めています。

4、諭旨解雇と退職金

　本来は懲戒解雇に該当するような場合に、対象労働者の経歴に傷がつき将来の再就職などに不利益を与えることから、ことを穏便にすませるため自己都合退職扱いをする。これが一般的な「諭旨解雇」です。

　形式上は自己都合退職ですから、通常は退職金が支払われることにな

ります。しかし、実質的には懲戒解雇ですから退職金支払いを拒否したい、あるいは減額したいと思うのが会社側でしょう。そのためには、あらかじめ「自己都合退職の場合でも事情を勘案して退職金の不支給ないし減額がある」ことを就業規則などに規定しておく必要があります。あるいは、対象労働者から「懲戒解雇に相当するものであるから退職金の不支給（減額）に同意する」との書面をもらっておく必要があります。もちろん、この同意は労働者の真意に基づくものでなくてはなりません。

5、懲戒解雇と退職金不支給

では、懲戒解雇なら当然に退職金不支給（ないし減額）としていいのでしょうか。

否です。なぜなら退職金の法的性格としては「賃金の後払い」というのが一般的見解であり、退職金支払いと懲戒解雇とは別問題とされる余地が十分にあるからです。

懲戒解雇の場合に退職金を不支給とするためには、その旨を就業規則などにおいて定める必要があります。

では、就業規則に定めておけば当然に不支給ないし減額が可能かというと、やはりこれも否です。判例によれば「長年の勤続の功を抹消してしまうほどの信義に反する行為があった」場合にのみ可能とされています。

すなわち、対象労働者の「信義に反する行為」の重大性の程度に応じて、不支給ないし減額の度合いが決定されるということになります。

ポイント 42 解雇は 極めて慎重に行うべし

　解雇には、普通解雇、整理解雇、懲戒解雇の3つの種類があります。懲戒解雇は ポイント 41 P199 で述べた懲戒処分の一つで、就業規則に定められている懲戒解雇理由に該当する事情がある場合に認められますが、他の解雇についても法律的な制限があります。

■ 解雇には合理的な理由が必要

　会社には労働者を解雇する権限があります。しかし理由の無い解雇は許されず、解雇するには合理的な理由が必要です。

　労働契約法16条は「解雇は、客観的に合理的な理由を欠き、社会通念上相当であると認められない場合は、その権利を濫用したものとして、無効とする。」と定めています。

　「客観的・合理的理由」「社会通念上相当」は最終的には裁判所が判断するのですが、解雇の対象となった事実が社会一般に照らして解雇に値するほど重大でなければなりません。

　また、次に記述する解雇は法律で禁止されています。

> **■法律で禁止されている解雇**
> ①国籍、信条、社会的身分を理由とする解雇
> ②性別を理由とする解雇
> ③妊娠、出産、育児休業、介護休業を理由とする解雇
> ④業務上の傷病により休業している期間とその後30日間、産前産後の休業とその後30日間の解雇
> ⑤労働基準監督署等への申告を理由とする解雇
> ⑥公益通報を理由とする解雇

　⑦不当労働行為となる解雇（労働組合員であること、労働組合を結成しようと
　したこと、労働組合の正当な権利を行使したことなどを理由）

などです。

■ 解雇は最終手段

　出勤成績や勤務態度などが不良の労働者を解雇したい、と思われる経営者もいると思います。しかし、いきなり解雇を通告した場合には、違法となる可能性が高いと思われます。

　解雇は労働者にとっては、生活の糧となる仕事を失うことを意味します。経営者には慎重な対応が求められます。まず労働者に対して注意をし、それでも改めなければ警告を発すること。そして、改めなければ解雇するという最後通告をする、などの十分な手順を踏んだ対応が必要です。

■ 解雇するには前もって解雇予告をする

　解雇する場合には、解雇予定日の30日前までに解雇予告を行わねばなりません。即時に解雇する場合には、平均賃金の30日分以上の解雇予告手当を支払う必要があります。

　しかし、例えば会社の大金を盗んだ労働者にもこのような権利を与えることは正義に反します。ただ、その判断を会社に任せると悪用される恐れがあります。そこで、労働基準監督署に申立をして認定をうければ会社は解雇予告手続きを免れることができることとなっています（解雇予告除外認定制度）。

■ 整理解雇には必要な要件をすべて満たさなければならない

　今まで述べてきたのは労働者に原因がある場合の解雇（普通解雇）で

したが、整理解雇は使用者（会社側）に原因がある場合の解雇です。す
なわち、業績不振、部門の縮小や閉鎖などが理由で余剰人員を整理しな
ければならない場合です。

　この整理解雇が有効となるためには、次の4つの要件をすべて満たす
必要があるとされています。

☑ **①人員整理の必要性**
　人員整理をしなければならない程度に経営状態が悪化しているか
どうかということです。単なる生産性向上をめざす程度の場合に
はこの要件を満たすことはできません。

☑ **②整理解雇の回避努力義務**
　整理解雇は合理化に際して会社がとるべき最終手段であり、極力
避けなければなりません。会社は不要資産の処分、役員報酬削減、
残業規制、賃金カットなどの経費削減、希望退職募集などを行い、
解雇を避けるべく努力しなければなりません。

☑ **③人選の合理性**
　整理解雇対象者を決める際の人選が合理的かつ公平でなければな
りません。主観的基準ではなく、客観的基準・客観的資料に基づ
いて判断が必要です。

☑ **④労使交渉等手続きの妥当性**
　労働者や労働組合に対して会社の決算書類等を開示し、十分に説
明をして協議を尽くさなければなりません。

勤務中の頻繁な私的メールを理由に解雇できますか?

——相談者 48 歳（女性）のケース

• まずは双方の話し合いから。解雇には慎重な対応を

Q 私は情報処理業を営んでいますが、従業員が勤務時間内に私的メールのやりとりを頻繁に行っており、仕事をさぼっています。この従業員を辞めさせたいのですが、解雇をしても問題ないでしょうか。

A 問題ないとは言えないと思います。その従業員とよく話し合いをして、従業員が納得して会社を辞めるのなら問題はないのですが、そうではなく、従業員が勤務し続けたいと思っているのに、解雇をする場合には、慎重な検討が必要です。

従業員が会社を辞めると言うことは、その従業員にとっては、食べていける基盤を無くすることであり、極端に言うと、死ねと言っているに等しいことになります。そのようなことから、労働基準法・労働契約法等の法律は、労働者の権利を守る規定を定めており、また、裁判例も、労働者の解雇を容易には認めない方向にあります。労働契約法には「解雇は、客観的に合理的な理由を欠き、社会通念上相当であると認められない場合は、その権利を濫用したものとして、無効とする。」とあります。仕事時間内に私的メールを頻繁に行っている（半年で 1700 件余り）という従業員を解雇したことに対し、判例は、「私的メールのやりとりは、職務規律に反し、職務専念義務に反する。しかし、職場環境を良好なものとするために、一定の限度でパソコンを私的に利用することは通常黙認されており、異常な職務専念義務違反とまでは言えない。同違反は、解雇を可能ならしめるほど重大なものと言うことはできない。したがって、解雇には正当な理由があるとは言えず、解雇権の濫用として無効だ。」としました。

契約更新をやめる際の
雇止めで気をつけることは？

——相談者 72 歳（男性）のケース

• 労働基準法 14 条 2 項に基づいた基準と労働契約法 19 条

Q 物流会社を経営しています。雇っている運転手のうち一定数が 1 年単位での雇用となっています。その契約を何回も更新している人が多いのですが、最近雇った労働者は、配送に遅れたり、配送先を間違えたりとミスが多く、契約の更新をやめようと思っています。このような「雇止め」をするに当たっての注意点があれば教えてほしいのですが。

A 労働者を 1 年単位で契約しているとのことですが、こうした契約を「有期労働契約」といいます。そして、この契約を更新しないことを「雇止め」といっており、通常の労働者の「解雇」の場合と区別しています。

「雇止め」については、労働基準法 14 条 2 項に基づいて厚生労働大臣が定めた「有期労働契約の締結、更新及び雇止めに関する基準」と労働契約法 19 条が参考となります。

有期労働契約の締結、更新及び雇止めに関する基準

1 「契約締結時の明示事項等」

使用者は、有期契約労働者に対して、契約締結時にその契約の更新の有無、そして、更新がある場合には更新するかしないかの判断基準について、明示しなければなりません。例えば、

　①契約期間満了時の業務量により判断する

　②労働者の勤務成績、態度により判断する

　③労働者の能力により判断する

④会社の経営状況により判断する

⑤従事している業務の進捗状況により判断する

というような内容です。

2「雇止めの予告」

予め契約の更新がない旨が明示されている場合を除き、有期労働契約が3回以上更新されているか、1年を超えて継続して雇用されている労働者については、少なくとも、契約期間が満了する日の30日前までに、その予告をしなければなりません。

3「雇止めの理由の明示」

使用者は、雇止めの予告後や雇止め後に、労働者がその理由について証明書を請求した場合は、遅滞なくこれを交付しなければなりません。

4「契約期間」

使用者は、契約を1回以上更新し、かつ、1年を超えて継続して雇用している有期契約労働者との契約を更新しようとする場合は、契約の実態及びその労働者の希望に応じて、契約期間をできる限り長くするように努めなければなりません。

労働契約法19条

雇止めについては、労働契約法第19条に「雇止め法理」が規定されています。

①有期労働契約が反復して更新され、その雇止めが無期労働契約の解雇と社会通念上同視できると認められる場合、あるいは、

②労働者が有期労働契約の契約期間の満了時にその有期労働契約が更新されるものと期待することについて合理的な理由が認められる場合

には、当該雇止めが、客観的に合理的な理由を欠き、社会通念上相当であると認められないときは、雇止めが認められず、従前と同一の労働条件で有期労働契約が更新されることになります。

以上が雇止めをするにあたって注意しなければならない点になりますが、相談者の場合には、雇ってからまだ1年も経過していないのなら、雇止めは違法とならない可能性もあると思います。しかし、雇止めが解雇と同様に判断される余地もありますので、慎重な判断が求められます。

43 労使紛争解決のため、労働委員会あっせんや 労働審判、民事裁判などの手続きがある

■ 労使紛争の種類

　労使紛争には、集団的労使紛争と個別的労使紛争があります。集団的労使紛争とは、労働者側（労働組合）と使用者側が労働条件その他待遇などをめぐり対立して紛争となる場合です。これに対して個別的労使紛争とは、個別労働者が解雇・配置転換、パワハラなどをめぐり使用者との間で紛争となる場合です。

■ 集団的労使紛争の手続き

　厚生労働省の管轄下にある「中央労働委員会」（国の機関）、都道府県労働委員会（都道府県の機関）での、あっせん、調停、仲裁の各手続きによることになります。労働委員会は、労働者が団結することを擁護し、労働関係の公正な調整を図ることを目的として、労働組合法に基づき設置された機関です。公益を代表する公益委員、労働者を代表する労働者委員、使用者を代表する使用者委員のそれぞれ同数によって組織されます。

　最も利用されているあっせんは、あっせん委員が労使双方の主張・対立点を明確にし、話し合い解決の道を探ります。

　個別労働者の解雇・配置転換など個別的紛争であっても、労働者が労働組合に加入している場合には、労働組合による申請によるあっせんとして開始されることもあります。

■ 個別的労使紛争の手続き

　都道府県労働局によるものとして、

①総合労働相談コーナーにおける情報提供・相談

②都道府県労働局長による助言・指導

③紛争調整委員会によるあっせん

の3つがあり、労働者、使用者とも申立ができます。

総合労働相談センターでは、専門員が情報を提供し、相談にのってくれます。年間100万件の相談があるようです。

紛争調整委員会は、労使どちらかから申請があったときは、弁護士や学識経験者らからなるあっせん委員が話し合いによる解決を目指します。また、双方から要請された場合には、あっせん案を提示します。

■ ADR（裁判外紛争処理制度）

裁判に比して、安価・迅速・簡便な手続きとして、各種ＡＤＲを利用する方法もあります。労使関係では、各弁護士会の「紛争解決センター」や社労士会による「社労士会労働紛争解決センター」などがあります。

■ 労働審判・民事裁判

裁判所によるものとして、労働審判と民事訴訟があります。

1、労働審判

通常の民事裁判手続きに比べて、短期間に簡便に、しかも専門家によって解決を図ろうとする制度です。労働者か使用者のどちらかが地方裁判所に申立をします。労働審判官（裁判官）1人と裁判所により任命された労働関係に関する専門的知識を有する労働審判員2人（労働者側1人、使用者側1人）の3人により構成される労働審判委員会にて紛争を処理します。

原則3回以内の期日により終了します。労使間において合意ができれば調停成立。合意できなければ労働審判となります。

そして、この労働審判に異議が無ければ、その効力が確定します。ど

ちらかから異議申立があれば、労働審判は失効し、労働審判申立のとき
にその地方裁判所に訴えの提起があったものとみなされます。

2、民事訴訟

通常の民事裁判手続きによることもできます。

例えば、解雇処分に対する労使間の争いでは、通常労働者は、地位保全・
賃金仮払いの仮処分の申立を行うことが多いです。本裁判では判決まで
に時間がかかり、労働者の生活が困難になってしまうからです。

この仮処分の手続きの中で、労使双方が譲歩し、和解が成立すること
もあります。そうでない場合は、本訴の提起となります。本訴の途中に
おいて和解が成立することもありますが、双方の対立が激しい場合は、
最終審である最高裁判所まで争いが持ち込まれることもまれではありま
せん。

第2章

コンプライアンス

会社の持続的発展のためには
コンプライアンスが不可欠

　「コンプライアンス」という言葉自体は、皆さんも一度はお聞きになったことがあると思います。会社の持続的発展のためには、コンプライアンス経営が不可欠と言っていいかと思います。

　コンプライアンス（compliance）という言葉は、「（要求・規則に）応じる、従う」という意味を持つ英語の動詞「comply」から派生したものです。ちなみに、この「comply」は、「満たす、充足する」という意味を持つラテン語の「complere」を語源としています。

　つまり、コンプライアンスという言葉には、「人々の期待・要望に応える」という意味も含まれているのです。

■ コンプライアンス概念とその変化

　コンプライアンスという概念は、アメリカで生まれたもので、日本に持ち込まれた当初は「法令遵守」という意味で理解されていました。つまり、企業が法令をきちんと守ることが重要であるとの考え方に基づいています。

　本来、企業が法令を守るのは当たり前のことなのですが、1990年代以降に日本で相次いだ企業の不祥事により、この当たり前のことさえできていない企業が少なからず存在することが明らかになりました。そのため、日本では「コンプライアンス＝法令遵守」という考え方が定着していったようです。

　その後、コンプライアンスという概念は、法令の遵守にとどまらず、社内の各種規程、業界の自主ルール、企業倫理や社会常識など、広い意味での社会規範の遵守を意味するものに変化してきました。

　この変化の背景には、企業も社会の構成員であり、社員や株主に限ら

ず、広く社会の構成員の要求・期待に応えるべきとの考え方があります。

　先ほど述べたとおり、企業が法令を遵守するのは当たり前のこと（法は道徳の最小限）で、それだけをアピールしても全く意味がありません。社会内での企業の役割や影響力が大きくなるにつれて、企業は法令だけでなく、広く社会規範を遵守し、常識ある行動をとってこそ、社会からの期待に応えて、社会の信用を勝ち取ることができます。

　このように、コンプライアンスの概念も広がりを見せており、現在では「法令」の後に「等」を加えて「コンプライアンス＝法令等遵守」と考えられるようになっています。

■ 事後規制社会とグローバル化

　このように、コンプライアンスという概念が重要性を増してきた理由の一つとして、規制緩和の結果、日本が事前規制から事後規制の社会に移行したことが挙げられます。

　これにより、企業は自由な経済活動を行うことができるようになりましたが、その半面、企業のルール違反行為に対しては、事後的に厳しい制裁が課されることになりました。そのため、企業には、法令等に基づいた公正な経済活動が求められるようになりました。

　第二の理由としては、経済のグローバル化が挙げられます。外国企業とビジネスを行うためには、明解かつ詳細な法令等の遵守が不可欠となります。

　このような社会の変化により、コンプライアンスが重要性を増してきたのです。

■「利潤の追求」と矛盾するか

　資本主義社会において、企業は事業活動を通じて利潤を上げることを目的としています。そのような企業がコンプライアンスを重視して、そ

れに力を注ぐのは自己矛盾であり、株主の利益にも反するのではないか
という疑問も出てきます。

　たしかに、企業が存続するためには、他社との競争を勝ち抜き、投下
資本に見合うだけの利潤を上げ続けることが必要となります。企業が利
潤を追求することは当然であり、何ら非難されることではありません。

　しかし、企業を取り巻く社会環境は確実に変化しています。企業の事
業活動も企業間の競争も、一定のルールに基づいて行われなければなり
ません。そのルールを具現化したものが、会社法を始めとする法令です。

　企業の不祥事に対する社会の目も厳しくなってきており、企業のルー
ル違反行為に対して事後的に厳しい制裁や批判が加えられます。最悪の
場合、企業は市場から追放されることになりますし、そこまで至らなく
ても、企業の信頼は大きく損なわれ、大幅な業績低下は避けられません。

　企業の存続や信頼向上のためには、コンプライアンス体制の構築が重
要であり、それによって企業の利潤の追求も可能になるのです。

■「コスト削減」と矛盾するか

　今日の経済のグローバル化や低成長時代の下で、企業が厳しい競争を
勝ち抜いて市場での優位性を確保するためには、売り上げを伸ばすとと
もに、コストを削減する必要があります。

　ただ、コンプライアンス体制を構築・維持するには、相当のコストが
かかるため、厳しい経済情勢の中でかえってコスト増をもたらすことに
なり、企業にとっては重荷であるとの声もあります。

　しかし、コスト増を懸念するあまり、コンプライアンス体制の構築・
維持を躊躇した結果、防げたかもしれない不祥事を起こして、それ以上
のコスト負担を余儀なくされたケースもあります。

　長期的に見れば、コンプライアンス体制の構築・維持が、コスト削減
につながっていくのです。

■ 体制の構築は「将来への投資」

　冒頭でも述べたとおり、コンプライアンスという言葉には「人々の要望・期待に応える」という意味があります。

　企業が広く社会の構成員の要望・期待に応えるためには、企業が存続して利潤を上げ、それを社会に還元していくことが求められます。

　コンプライアンス体制の構築は、企業が利潤を追求する上で必要なリスクマネジメントとして重要であり、単なるコストと見るのではなく、将来に向けての必要な投資と考えて、速やかに取り組むべき経営課題です。

■ コンプライアンス体制の確立

1、経営者の意識改革

　企業の経営者は、これまで説明してきたコンプライアンスの重要性をきちんと認識するとともに、自社においてコンプライアンス体制を確立しようという強い意欲を持たなければなりません。

　企業の現状を変えていくには、まずは企業のトップである経営者自身の意識改革が必要となります。

2、社内・社外へのアナウンス

　次に、経営者が社員に対して、コンプライアンスの重要性を説明し、コンプライアンス体制の確立に向けて取り組む姿勢を示すとともに、その方針を伝えるべきです。

　これによって、社員にコンプライアンスを意識させることができ、また、経営者自身もコンプライアンス体制の確立を公約することで、後に引けなくなります。

　また、取引先や顧客など、社外の者にもコンプライアンス体制の確立を宣言することで、より強い推進力が生まれることになります。

3、社内規程・ルール策定組織体制の整備

　企業不祥事が発生する原因のひとつとして、企業内における職務権限が一部の者や部署に集中しているため、他の者や部署のチェック機能が働かないことが挙げられます。

　そこで、企業内における職務権限の適正分配を実現するために、コンプライアンスの対象となるべき社内規程やルールを策定するとともに、事前チェック機能及び事後チェック機能が十分に働くように、企業の組織体制を整備していくことになります。

　その際には、企業の問題点を把握し、それをどのように改善していくべきなのかをきちんと社内で検討した上で、その企業に相応しい社内規程・ルールや組織体制を見つけ出す必要があります。

また、会社法をはじめとする法令に関する情報を収集したり、弁護士、税理士などの専門家に意見を求めることも必要になってきます。

4、社内教育・研修の実施

どんなに立派な社内規程・ルールを策定し、組織体制を整備しても、社員が知らなければ機能しません。そこで、速やかに周知のための説明会を開催し、その中でコンプライアンスの重要性を社員に伝えて、理解してもらう必要があります。

そして、コンプライアンス重視の社内文化を根付かせるために、コンプライアンスや社内規程・ルールに関する社内教育・研修を継続的に実施していかなければなりません。

5、モニタリングの実施

コンプライアンス体制を確立するには、社内教育・研修を継続的に実施するとともに、コンプライアンスが社内できちんと実践されているかどうか、日常的に監視（モニタリング）する必要があります。

具体的には、コンプライアンスを推進・統括する専門的な部署や担当者を設けた上で、事前に定めたチェック項目に基づいてコンプライアンスの実践状況を確認することになります。

6、外部専門家の必要性

法令や社会規範の変化についてまで、経営者がアンテナを張って対処していくのは、なかなか大変なことです。

そこで、企業がコンプライアンス体制を推進していく上で、弁護士、公認会計士や税理士などの外部専門家を積極的に活用していくことが望ましいと言えます。

具体的には、

①外部専門家に、コンプライアンスに関する研修の講師を依頼する
②外部専門家と顧問契約等を締結し、継続的に対応・助言してもらう

> ③外部専門家に、コンプライアンスの遵守状況をモニタリングしてもらうため
> に監査を依頼する
> ④外部専門家に、社外取締役や監査役に就任してもらう

などです。

7、正確な情報提供と関係の継続

　企業が適切な外部専門家を選定したとしても、外部専門家に対して判断の前提となる事実関係・情報や関係資料をきちんと提供していないと、外部専門家の意見も的を射たものにはなりません。

　したがって、企業は、外部専門家に意見を求めるに当たり、正確かつ十分な情報を提供する必要があります。

　外部専門家が企業との関係を深め、企業の業務内容や内情を理解してくると、その意見もより企業の実情に沿ったものになります。

　また、企業活動も企業を取り巻く環境も日々変化しており、ある事項について、外部専門家が過去にコンプライアンス上の問題はないとの意見を述べていたとしても、それが現時点においてもそのまま通用するとは限りません。

　したがって、外部専門家との関係は一回限りのものにするのではなく、継続していくのが望ましいと言えます。

ポイント

45 CSR（企業の社会的責任）が企業価値を向上させる

ポイント **44** P212 では、コンプライアンス経営について述べてきましたが、ここでは、近時重視されるようになった「CSR」について説明します。

■ CSRとは何か

CSRとは「Corporate Social Responsibility」の頭文字を取ったもので、「企業の社会的責任」と訳されています。

このCSRという概念も、コンプライアンスと同様、欧米で発展して、我が国に流入してきたものです。

CSRが重視されるようになった社会的背景には、経済のグローバル化や社会に対する企業の影響力が大きくなったという事情があります。その結果として、企業には、環境問題や人権問題などの様々な社会問題に対して、積極的かつ自主的に取り組むことが求められるようになってきたのです。

このように、CSRとは、環境問題や人権問題などの社会問題に対する配慮をも含めて、企業が、その業務活動の全体を通じて、社会の構成員として果たすべき責務のことをいいます。

企業は、株主を中心としたシェアホルダーだけでなく、従業員、取引先、債権者、消費者や地域住民などの様々な利害関係者（ステークホルダー）の要求にも応えなければならなくなってきたと言えます。

■ 企業評価からも重要視

これまで、企業の評価（企業価値）は収益などの財務面が重視されてきましたが、それだけでなく、環境問題や人権問題などの社会問題への対応といったCSRの側面からも企業を評価し、投資しようとする動き

があります。

　これはＳＲＩ（Socially Responsible Investment）という投資方法で、「社会的責任投資」と訳されています。ＣＳＲを重視して活動している企業は、不祥事による経営悪化等のリスクが低く、長期的に見れば、投資対象として安全性が高いと評価されています。

　このＳＲＩも欧米で広がった投資方法ですが、日本でも関心が高まってきており、ＳＲＩに着目した金融商品も定着してきています。投資（企業価値）の観点からも、ＣＳＲは重要性を増してきているのです。

■ 守りの倫理・攻めの倫理

　ＣＳＲの基本フレームは、図（P221）のようにとらえるのが一般的です。

　すなわち、まず「守りの倫理」は、コンプライアンスを始めとした企業倫理・社会責任がＣＳＲの土台となります（図のA）。自己規制責任活動は、内部統制システムなど。社会責任活動は、例えば企業が環境負荷の代わりに植林活動を行うことです。

　「攻めの倫理」は、地域文化活性化のためのコンサート支援など慈善的社会貢献活動と、会社のイメージアップのための投資的社会貢献活動からなる「投資的社会貢献活動」（図のB）。そして、省エネ車の開発など事業を通じた社会革新と子育て支援などソーシャルビジネスに代表される、社会貢献ビジネスからなる「事業活動を通じた社会革新」（図のC）からなります。

　企業としては、まずはコンプライアンス体制を始めとした守りのＣＳＲを確立した上で、社会の期待に応えてさらなる企業価値の向上を目指して、攻めのＣＳＲの観点を踏まえた経営を推進していく必要があります。

◆戦略的 CSR の基本フレーム

- ABC の３領域でバランスよく戦略的に社会との関係を構築すべき
- 競争優位を築くための鍵は、B 〜 C 領域での戦略的思考にある

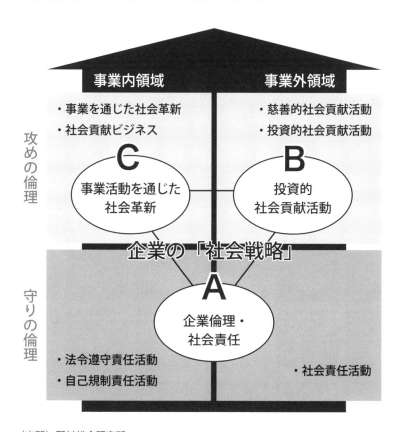

（出所）野村総合研究所

■ SDGs

「SDGs（エスディージーズ）」は、「Sustainable Development Goals（持続可能な開発目標）」の略称です。2015年9月に国連で開かれたサミットの中で世界のリーダーによって、国際社会共通の目的として、決議されました。

2030年までに達成すべき17の目標と169のターゲット（具体目標）で構成されています。17の目標は下図のとおりです。

ＣＳＲは、企業の社会的責任として、株主ばかりではなく、従業員、取引先、債権者や消費者、地域住民、そして社会の期待に応え、持続的な企業の発展と社会の持続性の向上を図ることですが、ＳＤＧｓは、持続的に発展する社会をつくり上げるための具体的目標を定めたものです。したがって、ＣＳＲの推進に当たっては、ＳＤＧｓの達成にいかに貢献できるかという視点が重要となります。

◆ 17の目標

（出所）国連広報センター・2030アジェンダ

https://www.unic.or.jp/activities/economic_social_development/sustainable_development/2030agenda/

会社には
セクハラ防止義務がある

ポイント **44** P212 では、コンプライアンスについて説明してきました。ここでは、そのコンプライアンスの一場面ともいえる「セクハラ問題」について取り上げます。

■ セクハラ問題の歴史と法律

セクハラ（セクシュアル・ハラスメント）という言葉が日本で普及し始めたのは 1980 年代といわれています。

もともと欧米では社会問題となっていたようですが、日本でもセクハラを理由とする裁判が起こされるなど、徐々に社会問題として認識されるようになり、次第に「セクハラ」という言葉や意味が広く一般にも知られるようになりました（ちなみに、1989 年には、新語・流行語大賞の「新語部門・金賞」を受賞しています）。

そのような社会背景を受けて、97 年には男女雇用機会均等法にセクハラについての規定が置かれ、その後もその範囲が拡大されるなど、法整備が進められてきました。

セクハラ問題について考える前提として、まず法律を確認しておきましょう。

男女雇用機会均等法 11 条 1 項は「事業主は、職場において行われる性的な言動に対するその雇用する労働者の対応により当該労働者がその労働条件につき不利益を受け、又は当該性的な言動により当該労働者の就業環境が害されることのないよう、当該労働者からの相談に応じ、適切に対応するために必要な体制の整備その他の雇用管理上必要な措置を講じなければならない」と定めています。

つまり企業等の事業主には、セクハラにより労働者の利益が害された

り、職場環境が害されることを防止するため、労働者からの相談に応じたり、その他必要な措置を講じるべき法的義務があるということです。

■ セクハラには対価型と環境型がある

先ほど述べた法的義務を果たすため、まず職場におけるセクハラとはどういうものかを理解しておく必要があります。

職場におけるセクハラには、①対価型セクハラと、②環境型セクハラがあります。前述の条文の前半と後半にそれぞれ規定しているものです。

①対価型セクハラ

労働者の意に反する性的な言動に対する労働者の対応（拒否や抵抗）により、その労働者が解雇、降格、減給、労働契約の更新拒否、昇進・昇格の対象からの除外、客観的に見て不利益な配置転換などの不利益を受けることをいいます。

具体例として、事業主が性的関係を拒否した労働者に対し、解雇や不当な配置転換をすることなどが挙げられます。

②環境型セクハラ

労働者の意に反する性的な言動により、労働者の就業環境が不快なものとなったため、能力の発揮に重大な悪影響が生じるなど、その労働者が就業する上で看過できない程度の支障が生じることをいいます。

具体例として、事務所内にヌードポスターを掲示しているため、労働者が不快・苦痛に感じて、業務に専念できないことなどが挙げられます。実際には、セクハラに当たるかどうかの判断が難しいケースもありますが、安易に楽観視することなく、個人の主観や男女の認識の差などにも配慮して慎重に判断し、適切に対応していくことが重要です。

■ 厚生労働大臣の指針

セクハラ問題に対する会社の対策・対応については、男女雇用機会均

等法を受けて制定された「厚生労働大臣の指針」（事業主が職場における性的な言動に起因する問題に関して雇用管理上講ずべき措置についての指針）が参考となります。

この指針に沿って説明していきます。なお、この指針は厚生労働省のホームページにも掲載されていますので、ご参照ください。

指針では、事業主が講ずべき措置として 11 項目が定められています。

その 11 項目は大きく、①セクハラを未然に防ぐための事前予防策、②セクハラに対して適切に対応するための体制整備、③セクハラが発生したときの事後対応に分けられます。

1、セクハラを防ぐための事前予防策

まず、事前予防の措置としては、職場におけるセクハラの内容や、セクハラがあってはならない旨の方針及びセクハラを行った者に対して厳正に対処する旨の方針を明確にし、職場における管理・監督者を含む労働者に周知・啓発することが挙げられています。

セクハラが発生したときに適切に対処すべきことは当然ですが、そもそもセクハラを発生させないことがより重要になってきます。そのためには、セクハラに関する企業の方針を明示し、社内に周知することが必要です。

具体的方法としては、セクハラに関する企業の方針を就業規則等に明記するほか、社内メール、社内報やパンフレット等に記載して周知する方法が考えられます。

また、弁護士など外部の専門家を講師に招き、セクハラに関する研修を実施することで、労働者の注意喚起・意識啓発に役立てることもできます。

2、セクハラが発生した場合に対応するための体制整備

次に、万が一セクハラが発生した場合、迅速かつ適切に対処するための体制を整備しておく必要があります。

　指針では、相談窓口を設置するとともに、相談窓口の担当者が適切に対応できるようにすることとされています。

　また、相談者のプライバシー保護のための必要な措置を講じることや、相談者や事実関係の確認に協力した者が不利益な取り扱いをされない旨を就業規則等に定め、周知することも求められています。

　企業がセクハラ問題をいち早く把握するためには、相談者が躊躇することなく相談できる体制・環境を整備しておく必要があります。そのためには、相談窓口の担当者の人数、性別、年齢や役職等にも配慮するほか、相談方法（面談、電話、メール等）も柔軟に考えるべきでしょう。

　また、相談や事実確認の過程で被害者が二次被害に遭わないよう、相談対応マニュアルを作成するとともに、相談担当者に対する研修も実施すべきです。

3、セクハラが発生した場合の事後対応

①事実関係の確認

労働者からの相談等によりセクハラが疑われる場合、速やかに事実関係を確認する必要があります。そのためには、あらかじめ調査の担当部署や手順を定めておき、すぐに対応できる体制を整えておくべきです。

事実関係の調査に当たっては、相談者や被害者からだけではなく、セクハラをしたとされる者からも事情を聴取すべきです。当事者双方の言い分を聴取し、必要に応じて第三者からも話を聞きながら、正確な事実関係を確認することが重要です。

②被害者への配慮

事実関係の調査によりセクハラが確認された場合、被害者への配慮及び適切な措置を行うことが必要です。

措置の内容は事案により異なりますが、例えば、被害者とセクハラを行った者（以下「行為者」といいます）とを引き離すための配置転換、行為者からの謝罪、被害者が受けた不利益の回復等が考えられます。

被害者の精神的被害が強い場合は、専門の医師やカウンセラーを紹介すべきでしょう。

③行為者に対する措置

指針では、行為者に対する適切な措置も求められています。

行為者に対する措置としては、先ほど述べた配置転換等のほか、懲戒処分を検討することになります。

懲戒処分は、就業規則等に従って適切に行う必要があります。適正な手続きによらない処分や、比較的軽微な行為について不当に重い処分をすると、その処分が無効となるだけでなく、逆に企業が損害賠償責任を負うことになるおそれもあります。

したがって、事実確認の段階から行為者にも十分弁明の機会を与え、確認できた事実関係を前提として公正なルールに基づいて処分を決定す

ることが重要です。

　また、事実調査から被害者及び行為者への措置を通じて、被害者に二次被害が発生しないよう留意する必要があります。

　対応措置を誤ると、被害者がセクハラ被害に遭った事実や、被害者のプライバシーが公にされてしまい、被害者に更なる精神的苦痛を与えるおそれがあります。対応措置の内容や方法等については被害者の意向も尊重しながら慎重に検討すべきでしょう。

④再発防止

　将来に向けての事後対応として、再発防止のための措置をとることが求められています。

　セクハラが確認できた場合は当然ですが、仮に調査によりセクハラが確認できなかった場合でも、労働者に対して文書の配布や研修を行うなど、あらためてセクハラに関する意識啓発・周知徹底を図るべきです。

　セクハラは対応の難しい問題ですが、放置すれば労働者の人権だけでなく、企業の社会的評価にも悪影響を及ぼす問題ですので、企業として真剣に取り組まなければなりません。

■ 会社の責任

　セクハラの被害者（労働者）は加害者に対して、慰謝料（損害賠償）請求ができますが、同時に、会社は加害者の使用者としての責任（使用者責任）を負っているので（ ポイント11 P54 参照）、被害者は会社に対しても損害賠償請求が可能となります。

　また、会社が加害者に対して何らかの処分を行ったときは、加害者と会社との間で争いが生じる可能性もあります。

　こうした点は後に述べるパワハラ、マタハラにおいても同様です。

　会社はリスクを避けるためにも、セクハラ等の防止に全力をあげるべきであると思います。

平成27年2月のセクハラ最高裁判決について教えて欲しい

——相談者 29 歳（女性）のケース

・2審を経て最高裁まで争った管理職のセクハラ問題

Q 大阪市にある水族館「海遊館」におけるセクハラ事件について、最高裁の判決が出ました。セクハラをした管理職に対して、会社が行った懲戒処分が問題なかったという判決だったと思いますが、もう少し詳しく知りたい。

A 事件の概略は、海遊館に勤務する課長代理の職にあった2人が、女子従業員Aに対して、約1年余にわたって、Aに対し、他人の性生活の話や自分の性器の話をし、「俺の性欲は年々増すねん」「今日のお母さんよかったわ……。かがんで中見えたんラッキー」「30歳は22、3歳の子から見たら、おばさんやで」「（給料が足りないから）夜の仕事とかせえへんのか」などと話したというものです。しかも、これらの多くが、Aが一人で部屋で仕事しているときになされたといいます。

　会社は、この課長代理の2人（これからは「管理職ら」といいます）に対し、それぞれ出勤停止30日、出勤停止10日の懲戒処分としました。この会社の処分に対して、管理職らが、こうした懲戒処分は無効だ、懲戒処分に伴って減額された賃金を支払えなどとして、裁判を起こしたわけです。

　大阪地裁の第1審では、請求棄却、すなわち、管理職らの訴えを認めず、会社の処分は正当としました。ところが、大阪高裁の第2審は、管理職らはAから許されていると誤信していたこと、処分の前に警告などがなく、処分は重すぎ権利の濫用とのことで、管理職らの訴えを認めました。

これに対して、最高裁は、

① （管理職らがAに許されていると誤信した点）については、被害者は不快感や嫌悪感を持ちながらも、職場の人間関係悪化を懸念して抗議しにくいものだし、

② （事前に注意や警告がなかった点）については、加害者は管理職であり会社のセクハラ方針や同研修などの取組を当然に認識すべきであったこと、多くが第三者のいない状況において行われていたので警告等を行う機会がなかった

などとして、管理職らに有利にしんしゃくし得る事情があるとは言えない。企業秩序や職場規律に看過し難い有害な影響を与えたので、処分は懲戒権の濫用には当たらないと判示したのです。

管理職のセクハラに対しては通常の従業員のセクハラとは異なり、より厳しい判断をすることを示したと言えると思います。

47 会社には パワハラ防止義務がある

■ パワハラという言葉について

「パワハラ」という言葉は、コンサルティング会社である㈱クオレ・シー・キューブ代表の岡田康子氏らが考えた造語（和製英語）であり、2002年ころから急速に広がりました。

■ 社会問題化と背景要因

これを機に、パワハラが社会的に注目されるようになり、社会問題として顕在化してきました。

例えば、各都道府県の労働局等に寄せられる民事上の個別労働紛争相談のうち、「いじめ・嫌がらせ」に関する相談は、2002年度には6600件余りであったものが、2008年度には3万2千件余り、2018年度には8万2千件余りで過去最高となっています。

さらに、近年「いじめ・嫌がらせ」や「パワハラ」に関する訴訟も増加傾向にあります。

このように、職場におけるいじめ・嫌がらせやパワハラは、一部の労働者だけの問題に止まらず、労働者の誰もが関わりうる可能性がある問題であるだけに、職場におけるパワハラ対策は、企業経営において、今後ますます重要性を増してくると考えられます。

では、このように職場におけるパワハラ問題が近年急増してきたのは、どうしてなのでしょうか。

この点について、2012年1月30日に、厚生労働省の「職場のいじめ・嫌がらせ問題に関する円卓会議ワーキング・グループ」が取りまとめた報告によりますと、次のような多様な背景要因があると指摘されています。

①企業間競争の激化による社員への圧力の高まり

②職場内のコミュニケーションの希薄化や問題解決機能の低下

③上司のマネジメントスキルの低下

④上司の価値観と部下の価値観の相違の拡大

■ 対策の必要性

　パワハラを受けた労働者は、自己の尊厳や人格を傷つけられて、仕事への意欲や自信を失い、職場での居場所を奪われるだけでなく、心の健康を害して休職や退職を余儀なくされたり、生きる希望を失ったりする場合もあります。

　他方、パワハラを行った労働者も、会社から懲戒処分を受けるなどして、最悪の場合、職場での居場所を失うおそれがあります。

　また、同じ職場で働く他の労働者も、職場内にパワハラが存在することにより、仕事への意欲を失ったり、退職してしまうケースも考えられます。

　このように、パワハラを放置してしまうと、職場環境は確実に悪化していき、前記のような労働者の休職・退職などの人的な損失につながるほか、生産性の低下により、企業の業績にも悪影響が出てくるなど、パワハラが企業にもたらす損失は、想像以上に大きいと言えます。

　前記のとおり、パワハラ対策は重要な経営課題であり、先ほど述べたようなパワハラ問題の背景要因への対応も含めて、早急かつ積極的に取り組む必要があります。

■ パワハラの定義

　パワハラの定義については、これまで法令上明確に定義されてきませんでしたが、令和元年6月に公布された改正労働施策総合推進法において、事業主の義務として明確な定義がなされました。こうした事情もあ

り、同法は「パワハラ防止法」とも言われています。

同法30条の2は以下のように定めています。

「①事業主は、職場において行われる優越的な関係を背景とした言動であって、業務上必要かつ相当な範囲を超えたものによりその雇用する労働者の就業環境が害されることのないよう、当該労働者からの相談に応じ、適切に対応するために必要な体制の整備その他の雇用管理上必要な措置を講じなければならない。②事業主は、労働者が①の相談を行ったこと又は事業主による当該相談への対応に協力した際に事実を述べたことを理由として、当該労働者に対して解雇その他の不利益な取扱いをしてはならない。

③事業主は、①に規定する言動を行ってはならないことその他当該言動に起因する問題（「優越的言動問題」）に対するその雇用する労働者の関心と理解を深めるとともに、当該労働者が他の労働者に対する言動に必要な注意を払うよう、研修の実施その他の必要な配慮をするほか、国の講ずる措置に協力するように努めなければならない。

④事業主（法人である場合には、その役員）は、自らも、優越的言動問題に対する関心と理解を深め、労働者に対する言動に必要な注意を払うように努めなければならない。」

すなわち、パワハラの定義は、上記①の条文記載の以下の3点となります。

　　ア　職場において行われる優越的な関係を背景とした言動であること
　　イ　それが、業務上必要かつ相当な範囲を超えたものであること
　　ウ　そうした言動によりその雇用する労働者の就業環境が害されること

なお、同法の施行時期は、令和2年6月1日（中小企業は令和4年3月31日までは努力義務となっています）。

この定義からも分かるとおり、職場におけるパワハラは職場内の「優

越的な関係」を背景としてなされるもので、必ずしも上司から部下に対して行われるものに限られません。先輩・後輩間や同僚間、さらには部下から上司に対して行われるものも含まれることになります。

また、その行為が「業務上必要かつ相当な範囲」を超えているか否かがポイントになりますので、例えば、上司が部下に業務上必要な注意・指導を行い、それによって部下が不満に感じたとしても、上司の注意・指導が業務上必要かつ相当な範囲内のものであれば、パワハラには該当しないことになります。

■ パワハラの主な類型

職場におけるパワハラに該当しうる具体的な行為類型としては、主として下記のようなものがあります。

①身体的な攻撃

部下らに暴行を加えたり、けがをさせたりするような行為

②精神的な攻撃

部下らに対する脅迫、名誉棄損、侮辱や暴言

③人間関係からの切り離し

気に入らない部下らを隔離したり、仲間外しにしたり、無視するような行為

④過大な要求

部下らに業務上明らかに不要なことや達成不可能な仕事を強制したり、仕事の妨害をするような行為

⑤過小な要求

部下らに対して、業務上の合理性もないのに、その能力や経験とかけ離れた程度の低い仕事を命じたり、仕事を与えないような行為

⑥個の侵害

私的なことに過度に立ち入るような行為

　①から③の類型については、業務上必要な注意・指導の範囲を逸脱しており、「業務上必要かつ相当な範囲」に含まれるとすることはできないと考えられます。

　他方、④から⑥の類型については、「業務上必要かつ相当な範囲」に含まれるかどうかの判断が必ずしも容易でない場合があると考えられます。当該行為が行われた際の具体的な状況等によって左右される部分があると考えられるからです。

　このように、実際にパワハラに当たるかどうかの判断が難しいケースもありますが、経営者としては、自ら率先してパワハラを根絶するという企業風土を育むとともに、労働者に対して、働きがいのある労働環境を提供できるように努力していく必要があります。

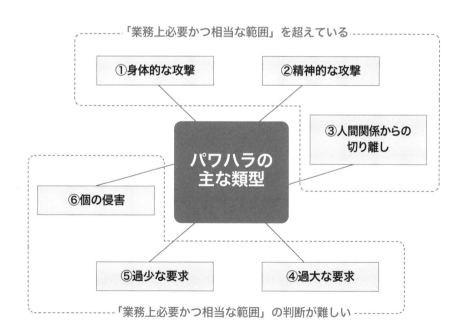

48 マタハラについても注意が必要

　セクハラやパワハラは、職場における嫌がらせや不利益な取り扱い等の問題ですが、近年、もうひとつの問題としてマタニティー・ハラスメント（マタハラ）についても関心が高まってきています。

　セクハラ、パワハラに比べるとまだ社会的な認知は低いかも知れませんが、マタハラに関する最高裁判決が出されたこともあり、これから徐々にマタハラという言葉も知られていくのではないかと思います。

■ マタハラとは

　マタハラとは、一般的に「妊娠・出産・育児休業などを理由とする、解雇・雇い止め・降格などの不利益な取り扱い」などと説明されます。

　具体例として、産休を請求した従業員に対して不利益な配置転換をしたり、妊娠を申し出た契約社員に対して妊娠を理由に契約を更新しないことなどが挙げられます。

　働く女性の妊娠、出産、育児に関しては、関係諸法律により様々な保護がされていますが、マタハラについても、男女雇用機会均等法及び育児・介護休業法により禁止されています。

　それらに違反するマタハラが行われた場合、企業として損害賠償金や慰謝料の支払義務を負うことになったり、悪質な場合には事業主名が公表されたりするおそれもあります。

　したがって、企業にとってマタハラは決して安易に考えるべきものではなく、セクハラ、パワハラと同様に、きちんと向き合うべき重要な問題であると言えます。

■ 関連する法律

　マタハラについての法律としては、男女雇用機会均等法9条において示され、具体的には以下が禁止されています。

　①女性労働者の婚姻、妊娠、出産を退職理由とすること
　②女性労働者が婚姻したことを理由として解雇すること
　③女性労働者が妊娠したこと、出産したこと、産休等の妊娠や出産に関する事由を理由として解雇、その他不利益な取り扱いをすること
　④妊娠中及び出産後1年以内の女性労働者に対する解雇は無効（ただし、事業主側が妊娠・出産・育児休業等を理由とする解雇でないことを証明したときは、有効）。

　また、育児・介護休業法10条においても、労働者が育児休業申出をしたことまたは育児休業をしたことを理由として、解雇その他不利益な取り扱いをすることが禁止されています。

　いずれの法律においても、禁止される不利益取り扱いは、妊娠、出産、育児休業等を「理由として」行われるものであることが要件となっています。

　もっとも、実際には妊娠、出産、育児休業等が理由であることを明示した上で降格や雇い止めがなされることは少ないでしょう。

　そこで、個々のケースで労働者に対してとられた措置が、実質的に上記を理由としており、法律上禁止されている不利益取り扱いに当たるのかどうかが問題となります。

　この点については、次の最高裁判決やそれを踏まえた厚生労働省の通達が参考となります。

■ 降格措置は違反か（平成 26 年最高裁判決）

　この件は、勤務先病院で「副主任」の役職にあった女性が、妊娠中の軽易業務への転換の際に副主任の役職から外され、育児休業終了後も副主任に復帰できなかったことから、病院による降格措置は男女雇用機会均等法（均等法）に違反し、無効であると主張した裁判です。

　高等裁判所は、降格措置は女性の同意を得た上で病院の裁量権の範囲内で行われたものであり、違法無効ではないと判断しました。

　しかし、最高裁は高等裁判所の判断を認めず、審理をやり直すよう裁判を差し戻しました。

　その判決理由の中で、最高裁は不利益取り扱いについて次のような判断基準を示しました。

　　１：妊娠中の軽易業務への転換を「契機とした」降格処分は原則として法律
　　が禁止する不利益取扱いに該当する。
　　２：例外として、次の①または②に当たるときは前記１の不利益取扱いには
　　当たらない。
　　①労働者が自由な意思で降格を承諾したと認めるに足りる合理的な理由が客
　　観的に存在するとき
　　②降格させずに軽易業務に転換させると業務上の必要性から支障がある場合
　　で、その必要性の内容・程度、降格による影響の内容・程度に照らして、均
　　等法の趣旨・目的に実質的に反しないと認められる特段の事情があるとき

　この判決は均等法に関するものですが、育児・介護休業法においても同様の基準が妥当すると考えられます。

■ 厚生労働省の通達

　この最高裁判決を受けて、厚生労働省は、全国の労働局に通達を出し、法律上禁止されるマタハラに該当するかどうかの判断に関する解釈を示

しました。その内容は、最高裁の判断基準とほぼ同様です。

　この通達では、原則として妊娠・出産・育児休業等の事由の終了から1年以内に不利益取り扱いがなされた場合は、妊娠・出産・育児休業等を「契機として」いると判断するとされています。ただ、ケースによっては1年を超えていても違法な不利益取り扱いとされることはあると思われます。

　なお、例外的に、労働者の自由な意思に基づく承諾がある場合は違法ではないとされていますが、自由な意思による承諾があったというためには、その前提として、不利益取り扱いの内容や程度等について労働者に十分説明し、納得を得ていることが必要です。

　また、法律の趣旨に反しない特段の事情がある場合にも違法とはされませんが、あくまでも「特段の事情」は例外中の例外ですので、不利益取り扱いの必要性とそれによる影響の内容・程度等について詳細に検討し、特に慎重な判断が必要です。

　厚生労働省の通達や解説、Q＆A等は下記の同省ホームページに掲載されていますので参考になさってください。

https://www.mhlw.go.jp/file/06-Seisakujouhou-11900000-Koyoukintoujidoukateikyoku/0000137179.pdf

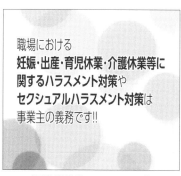

（厚生労働省のサイトより）

第3章

メンタルヘルス

メンタルヘルス不調は企業に大きな影響を与える

■ メンタルヘルスとは

　近年、過労や仕事上のストレスが原因で、労働者が精神面で体調を崩して就業が困難になるケースが増えています。また、精神面の不調により、不幸にも自殺にまで至ってしまうケースも生じるなど、労働者の心の健康（メンタルヘルス）に対するケアが社会問題化しています。そのため、企業もメンタルヘルスに関する対策が求められています。

　「メンタルヘルス」という言葉の定義を定めた法令はありませんが、一般的に「精神的な健康」あるいは「心の健康」などと説明されています。

　メンタルヘルスが注目されるようになったのは、現代社会での生活、特に職場での精神的ストレスを感じることが増えるにつれて、労働者の心に不調を生じさせることが多くなってきたという背景があるといわれています。

■ メンタルヘルスについての現状

　厚生労働省が発表した「平成 30 年労働安全衛生調査（実態調査）」によると、労働者の 58％が「現在の仕事や職業生活に関することで、強いストレスを感じる事柄がある」と回答しています。その内容をみると、「仕事の質・量」が 59.4％と最も多く、次いで「仕事の失敗、責任の発生等」が 34％、「対人関係（セクハラ・パワハラを含む）」が 31.1％となっています。

　また、「過去 1 年間にメンタルヘルス不調により連続 1 か月以上休業した労働者（受け入れている派遣労働者は含まれない）がいる」と回答した事業所の割合は 6.7％、「過去 1 年間にメンタルヘルス不調による退職者（受け入れている派遣労働者は含まれない）がいた」と回答した事

業所の割合は5.8%に上っています。

　そのような状況の中、精神障害等を理由とする労災請求件数も増加傾向にあります。平成30年度には1820件の請求がなされ、うち465件で支給決定がなされており、請求件数は年々増えています。

■ メンタルヘルス不調による企業への影響

　ひとたび労働者のメンタルヘルスが損なわれてしまうと、当該労働者の業務効率の悪化により企業としての生産性が低下するほか、当該労働者の業務負担の軽減や配置転換といった人事措置の必要に迫られる場合もあります。また、休職や退職に至る場合には代替人員の補充が必要になりますし、休職者、退職者の役職や能力によっては、"穴を埋める"ことができず、結果として大きな損失を生んでしまう可能性もあります。さらに、企業としてのメンタルヘルスへの対応が不十分であると、場合によっては労働者との訴訟問題に発展することもあります。その他、企業内部においては、労働者全体の士気の低下を招くおそれがありますし、対外的には、企業イメージの悪化という影響をもたらすおそれもあります。

　以上のように、労働者のメンタルヘルスの低下は、企業に対して有形無形の大きな影響を及ぼす可能性があります。

■ メンタルヘルス対策の重要性

　企業が生産性の維持、向上を図るためには、個々の労働者が身体面だけでなく、精神面においても健康を保ち、自身の能力を十分に発揮できるような環境を企業として整備していかなければなりません。また、対外的な企業イメージや社会的信用の向上の観点からも、仕事が原因で労働者が精神面に不調を来さないように、企業として十分に配慮する必要があります。

　このように、企業にとって、労働者のメンタルヘルス対策は積極的に取り組むべき重要な問題といえます。

　実際、メンタルヘルス対策に取り組んでいる企業は増えています。

　厚生労働省が発表した「平成30年労働安全衛生調査（実態調査）」によると、メンタルヘルス対策に取り組んでいる事業所の割合は平成30年には59.2％となっています。メンタルヘルス対策に取り組んでいる事業所について、取組内容（複数回答）をみると、「労働者のストレスの状況などについて調査票を用いて調査（ストレスチェック）」が62.9％と最も多く、次いで「メンタルヘルス対策に関する労働者への教育研修・情報提供」が56.3％となっています。

　まだ、何の対策もしていない企業は早急に対策をする必要があるといえます。

会社には
安全配慮義務がある

■ 安全配慮義務とは

　使用者（会社）は、労働契約に基づいて本来の債務として賃金支払債務を負うほか、労働契約に特段の根拠規定がなくても、労働契約上の付随的義務として当然に安全配慮義務を負います。安全配慮義務とは、一般的に「使用者が労働者の生命及び身体等を危険から保護するよう配慮すべき義務」などと説明されます。

　労働契約法第5条にも、「使用者は、労働契約に伴い、労働者がその生命、身体等の安全を確保しつつ労働することができるよう、必要な配慮をするものとする」と規定しています。

　生命、身体の安全には、心身の健康も含まれます。また、必要な配慮とは、一律に定まるものではなく、使用者に特定の配慮を求めるものではないのですが、労働者の職種、労務内容、労働提供場所等の具体的な状況に応じて、必要な配慮をすることが求められます。

　労働者の安全と健康の確保、快適な職場環境の形成促進等を目的として制定されている労働安全衛生法においても、「事業者は、労働者の健康に配慮して、労働者の従事する作業を適切に管理するように努めなければならない」（第65条の3）と定められており、やはり労働者の健康に対する配慮が求められています。

■ 安全配慮義務違反と企業の責任

　企業が労働者に対する配慮を怠り、安全配慮義務に違反した場合、企業はどのような責任を負うのでしょうか。

　先に述べたとおり、安全配慮義務は、労働契約に付随する義務であるため、安全配慮義務違反は労働契約の不履行として、使用者に債務不履

行責任が生じます。

　したがって、企業は、安全配慮義務違反と相当因果関係のある労働者に生じた損害（治療費、休業損害、後遺障害や死亡による逸失利益、慰謝料など）について賠償する責任を負うことになります。

　企業が安全配慮義務に違反し、労働者の生命、健康等を侵害し、労働者に損害を与えた場合は、労働者から債務不履行として損害賠償請求をされる可能性があるのです。

■ **安全配慮義務違反にならないために**

　安全配慮義務は、企業が事業遂行に用いる物的施設・設備および人的組織の管理を十分に行う義務といえます。そのため、企業が安全配慮義務に違反しないようにするには、物的・人的な整備をすることが必要です。

1、危険の防止措置を講じる義務

　企業は、業務で使用する機械・器具などの設備から生じる危険、爆発性・発火性・引火性の物質や電気・熱などのエネルギーによる危険、掘削・伐採などの業務における作業方法による危険、墜落・土砂崩壊など作業場の危険など労働者に生じる危険を防止するために必要な処置を講じる必要があります。

2、健康障害を防止する義務

　企業は、原材料粉じん、放射線・高温・振動、廃液・排気などによる健康障害を防止するために必要な措置を講じる必要があります。

3、業務上の配慮をする義務

　企業は、職場の状況を把握し、必要に応じて人員の雇入れ、作業内容の変更などを行う必要があります。また、危険業務への従事などの際には安全教育を行い、一定の危険業務などは免許取得者以外の就業を禁止するなど教育や管理を行う必要があります。更に、中高年齢者や身体障

害者を雇用している場合は、就業上の特別の配慮をすることも求められます。

4、心の健康に対する配慮義務

企業には、労働者の健康に配慮する義務があります。そして、それには心の健康も含まれます。従業員のメンタルヘルスに大きな影響を与えるのが長時間労働です。まずは労働時間を適切に管理する必要があります。長時間労働をさせないために、勤務実態の把握も必要になります。

また、メンタルヘルス不調を早期に発見するための対策も必要です。

仮にメンタルヘルス不調を労働者が訴えた場合は、早期に症状等の確認をする必要がありますし、必要に応じて職場での配置転換や業務の軽減をするなどの措置を講じる必要があります。メンタルヘルスへの指針や実務的対応については ポイント 51 P248 ポイント 52 P255 で詳細に説明します。

厚生労働省「労働者の心の健康の保持増進のための指針」

■ 労働者の心の健康づくり

　職場におけるメンタルヘルス対策を推進するため、厚生労働省が策定した「労働者の心の健康の保持増進のための指針」（平成18年3月策定、平成27年11月30日改正、以下「指針」という）に基づいて、メンタルヘルスケアの基本的な考え方や留意点について、説明していきます。

■ 基本的な考え方

　心の健康づくりは、労働者自身が、仕事や家庭等でのストレスに気づき、これに対処すること（セルフケア）の必要性を認識することが重要です。

　しかし、職場に存在するストレス要因には、労働者自身の力だけでは取り除くことができないものもあることから、労働者の心の健康づくりを推進していくためには、事業者によるメンタルヘルスケアの積極的な推進が重要であり、組織的・計画的な対策の実施が大きな役割を果たすことになります。

　そこで、事業者は、自らがストレスチェック制度を含めた事業場におけるメンタルヘルスケアを積極的に推進することを表明するとともに、衛生委員会等において、十分に調査審議を行って、メンタルヘルスに関する事業場の現状と問題点を明確にする必要があります。

　その上で、事業者は、その問題点を解決するための基本的な計画を策定・実施すべきです。

■ メンタルヘルスケア推進における留意点

メンタルヘルスケアを推進するに当たり、指針では、次の事項に留意する必要があるとされています。

①心の健康問題の特性

心の健康については、客観的な測定方法が十分確立していないため、評価が容易ではなく、問題発生過程にも個人差が大きいため、把握が難しいと考えられています。

また、心の健康は、すべての労働者に関わることであり、すべての労働者が心の問題を抱える可能性があるのに、問題を抱える労働者に対して、心の健康問題以外の観点から評価が行われる傾向が強いという問題があります。

その他、心の健康問題自体についての誤解や偏見等、解決すべき問題もあります。

②労働者の個人情報保護への配慮

心の健康に関する情報を含めて、労働者の個人情報保護や労働者の意思の尊重に留意することが重要です。

このことは、労働者が安心してメンタルヘルスケアに参加でき、ひいてはメンタルヘルスケアがより効果的に推進されるための条件であると言えます。

③人事労務管理との関係

労働者の心の健康は、体の健康と比較して、職場配置、人事異動、職場の組織等の人事労務管理と密接に関係する要因によって、より大きな影響を受けます。

したがって、メンタルヘルスケアは、人事労務管理と連携しなければ、適切に進まない場合が多いと考えられます。

④家庭・個人生活等の職場以外の問題

心の健康問題は、職場内のストレス要因のみならず、家庭や個人生活

等の職場外のストレス要因の影響を受けている場合も多く、また、個人の要因等も心の健康問題に影響を与えます。

これらは複雑に関係して、相互に影響し合う場合が多いと言えます。

■ 衛生委員会等による調査審議

メンタルヘルスケアの推進に当たっては、事業者が労働者等の意見を聴いた上で、事業場の実態に即した取り組みを行うことが必要です。また、心の健康問題に適切に対処するためには、産業医等に助言を求めることも必要となってきます。

このためにも、労使、産業医、衛生管理者等で構成される「衛生委員会」等を活用することが効果的です。

後で説明する「心の健康づくり計画」の策定や、その実施体制の整備等の具体的な実施方策のほか、個人情報の保護に関する規定等の策定等に当たり、衛生委員会等において十分に調査審議を行うことが重要です。

さらに、ストレスチェック制度を導入し、その実施体制及び実施方法について、調査審議を行い、同制度の実施に関する規程を定め、あらかじめ労働者に周知するようにすることが必要です。

なお、常時使用する労働者が 50 人未満の小規模な事業場においては、衛生委員会等を設置する法的義務はありませんが、心の健康づくり計画の策定やその実施に当たっては、労働者の意見が反映されるように配慮すべきです。

■ 心の健康づくり計画の策定

メンタルヘルスケアは、中・長期的視点に立ち、事業場の実態に即した取り組みが継続的・計画的に行われるようにすることが重要です。

このため、事業者は、前述したように、衛生委員会等において、十分に調査審議を行った上で「心の健康づくり計画」を策定することが必要です。

　なお、指針では、「心の健康づくり計画」において定めるべき事項として、次の事項を掲げています。

　①事業者がメンタルヘルスケアを積極的に推進する旨の表明に関すること
　②事業場における心の健康づくりの体制の整備に関すること
　③事業場における問題点の把握及びメンタルヘルスケアの実施に関すること
　④メンタルヘルスケアを行うために必要な人材の確保及び事業場外資源の活用に関すること
　⑤労働者の健康情報の保護に関すること
　⑥心の健康づくり計画の実施状況の評価及び計画の見直しに関すること
　⑦その他労働者の心の健康づくりに必要な措置に関すること

■ 4つのメンタルヘルスケアの推進

　メンタルヘルスケアの推進に当たっては、以下の「4つのケア」が継続的・計画的に行われることが重要です。
　①セルフケア
　労働者自身がストレスや心の健康について把握・理解し、自らストレスを予防・軽減したり、対処すること
　②ラインによるケア
　労働者と日常的に接する管理監督者が職場環境等を把握して、その改善を図るとともに、労働者からの相談対応を行うこと
　③事業場内産業保健スタッフ等によるケア
　事業場内の産業医や衛生管理者、事業場内産業保健スタッフ等が、事業場の心の健康づくり対策の提言を行うとともに、その推進を担い、労働者及び管理監督者を支援すること
　④事業場外資源によるケア
　　事業場外の機関及び専門家を活用し、その支援を受けること

■ メンタルヘルスケアの具体的進め方

事業者は「4つのケア」が適切に実施されるように、事業場内の関係者が相互に連携し、以下の取組みを積極的に推進することが効果的です。指針より引用。

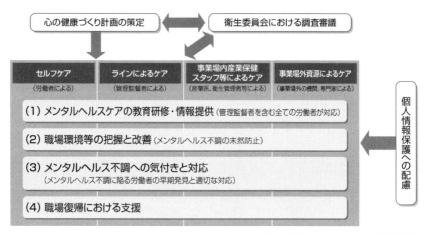

（https://www.mhlw.go.jp/file/06-Seisakujouhou-11300000-Roudoukijunkyokuanzeneiseibu/0000153859.pdf）

1、推進のための研修・情報提供

事業者は、「4つのケア」が適切に実施されるように、それぞれの職務に応じて、次のようなメンタルヘルスケアの推進に関する教育研修・情報提供を行うよう努めるべきです。

①労働者への教育研修等

事業者は、「セルフケア」を促進するため、管理監督者を含む全ての労働者に対し、メンタルヘルスケアに関する事業場の方針を説明するとともに、メンタルヘルスケアに関する基礎知識、ストレス予防・軽減や対処方法等に関する教育研修・情報提供を行う必要があります。

②管理監督者への教育研修等

事業者は、「ラインによるケア」を促進するため管理監督者に対し、

管理監督者の役割、職場環境等の評価及び改善方法のほか、労働者からの相談対応の方法等に関する教育研修・情報提供を行う必要があります。

③事業場内産業保健スタッフ等への教育研修等

事業者は、「事業場内産業保健スタッフ等によるケア」を促進するため、これらの者に対して、その役割、事業場外資源との連携（ネットワークの形成）の方法等に関する教育研修・情報提供を行う必要があります。

2、職場環境等の把握・改善

労働者の心の健康には、作業環境・方法、労働時間や職場の人間関係など、職場環境等が影響を与えることから、職場環境等の改善は、労働者の心の健康の保持増進に効果的であると考えられます。

そこで、事業者は、メンタルヘルス不調の未然防止の観点から、以下の①・②について積極的に取り組む必要があります。

①職場環境等の評価と問題点の把握

事業者は、管理監督者による日常の職場管理、労働者からの意見聴取やストレスに関する調査結果等を活用して、職場環境等を評価し、具体的な問題点を把握する必要があります。

②職場環境等の改善

事業者は、職場環境等の評価結果に基づき、管理監督者や事業場内産業保健スタッフ等と協力しながら、職場環境のほか、勤務形態や職場組織の見直し等の改善を行う必要があります。

3、不調の気づきとその対応

メンタルヘルスケアにおいては、予防策のほか、メンタルヘルス不調に陥る労働者の早期発見と適切な対応が重要です。

このため、事業者は、個人情報の保護に十分留意しつつ、労働者、管理監督者、家族等からの相談に対して適切に対応できる体制を整備する必要があります。さらに、事業者は、産業医や事業場外の医療機関とのネットワークを整備するように努めるべきです。

4、職場復帰の支援

事業者は、メンタルヘルス不調により休業した労働者が円滑に職場復帰できるように、衛生委員会等において調査審議し、産業医等の助言を受けながら、「職場復帰支援プログラム」を策定し、そのプログラムの実施に組織的・計画的に取り組むなどする必要があります。

■ メンタルヘルスに関する個人情報の保護への配慮

メンタルヘルスケアを進めるに当たっては、健康情報を含む労働者の個人情報の保護に配慮することが極めて重要です。事業者は、健康情報を含む労働者の個人情報やストレスチェック制度における健康情報の取扱いについて、個人情報の保護に関する法律及び関連する指針等を遵守し、労働者の健康情報の適切な取扱いを図らねばなりません。

■ 心の健康に関する情報を理由とした不利益な取扱いの防止

事業者が、メンタルヘルスケア等を通じて把握した労働者の心の健康に関する情報は、その労働者の健康確保に必要な範囲で利用されるべきものです。その範囲を超えて、事業者がその労働者に対して不利益な取扱いを行うことはあってはなりません。労働者の心の健康に関する情報を理由として行う以下の取扱いについては、一般的に合理的なものとはいえず、事業者はこれらを行ってはなりません。

①解雇すること。

②期間を定めて雇用される者について契約の更新をしないこと。

③退職勧奨を行うこと。

④不当な動機・目的をもってなされたと判断されるような配置転換又は職位(役職)の変更を命じること。

⑤その他の労働契約法等の労働関係法令に違反する措置を講じること。

メンタルヘルスへの
実務的対応

厚生労働省の指針 ポイント 51 P248 を踏まえて、実務的にはどのように対応していけばいいか、説明していきます。

■ 事前予防の重要性

労働者がいったん心の健康を損なうと、その回復には数か月から1年以上の期間を要することも多く、その間に生じる負担や損失は、労働者自身だけでなく、企業にとっても大きいものになるおそれがあります。

したがって、企業としては、労働者のメンタルヘルス不調を生じさせないため、十分な事前予防策を講じておくことが重要です。

■ 職場環境の整備、改善

労働者の心の健康を損なう要因として、職場環境、職場内のストレスがあります。したがって、事前予防のためには職場環境を整備し、問題があれば改善することが重要です。実務的には様々なことが考えられますが、ここではメンタルヘルスの不調を引き起こしやすいと考えられる過重労働、セクハラ・パワハラ対策について紹介します。

1、過重労働

厚生労働省では、「過重労働による健康障害を防止するため事業者が講ずべき措置等」を定めています。

その内容として、①時間外・休日労働時間の削減、②年次有給休暇の取得促進、③労働時間等の設定の改善のほか、④労働者の健康管理に係る措置の徹底として、健康管理体制の整備、健康診断の実施、面接指導などが定められています。

労働時間や業務量など、現在の勤務の実態を確認した上で、労働者の

健康管理上必要な措置をとることが重要です。

2、セクハラ・パワハラ

セクハラについては男女雇用機会均等法 11 条において、事業者に対してセクハラ対策として雇用管理上必要な措置を講ずることが義務付けられており、そのための指針が厚生労働省から示されています。内容としては、①職場におけるセクハラに関する方針の明確化と周知・啓発、②相談体制の整備、③セクハラ行為に対する迅速適切な対応のほか、プライバシーの保護や不利益取扱の禁止についても定められています。

また、パワハラもセクハラ同様にメンタルヘルス不調をもたらす要因となるため、前記セクハラ対策をパワハラに置き換えて対策を講じることが求められていると考えられます。詳しくは ポイント 46 P223 ポイント 47 P231 を参照してください。

3、ストレスチェック

メンタルヘルスケアのうちのセルフケアの一環として事前予防の効果を期待されるのがストレスチェックです。

労働安全衛生法の改正によって、平成 27 年 12 月以降、常時 50 名以上の労働者のいる事業所については、年 1 回のストレスチェックを実施することが義務付けられています。

ストレスチェックにより、労働者が自分のストレス状態を知り、早めの対処をすることでメンタルヘルス不調を防止することを狙いとするものですが、この趣旨からすれば、労働者 50 人未満の事業所においても、定期的にストレスチェックを行うことが望ましいといえます。

■ メンタルヘルス不調が疑われる場合の対応

1、医師による面接指導

労働者のメンタルヘルス不調が疑われる場合、まず医師による診察、診断を受けることを勧めるべきです。診察、診断の結果、メンタルヘル

ス不調であるとされれば、それに応じた適切な措置をとることが必要になってくるからです。

この医師による面接指導については、法律上の定めもあります。

労働者のメンタルヘルス不調を引き起こす大きな原因として、長時間労働があることから、時間外または休日労働が1か月あたり80時間を超え、かつ疲労の蓄積が認められる労働者に対しては、使用者は労働者の申し出を受けて、医師による面接指導を行わなければならないとされています（労働安全衛生法66条の8）。

また、前記要件に該当しない場合でも、健康への配慮が必要な労働者に対しては、医師による面接指導などの必要な措置を講ずる努力義務があります（同法66条の9）。

2、受診命令の可否

では、メンタルヘルス不調が疑われる労働者に対して、医師の診察を受けるよう使用者から命令することができるでしょうか。

①就業規則に規定がある場合

就業規則は、その内容が合理的であり、労働者に周知されている場合は、使用者と労働者との間の労働契約の内容となります。したがって、就業規則の中で受診義務が定めてある場合は、使用者は労働者に対し医師の診察診断を受けるよう命令することができます。

②就業規則に規定がない場合

労働契約により、労働者は使用者に対して労務を提供する義務を負っていますから、労働者は十分な労務提供ができるよう、健康の維持管理に努めるべきですし、他方、使用者にとっても労働者の健康状態は重要な関心事です。

したがって、受診を命じるべき合理的かつ相当な理由がある場合には、就業規則に定めがない場合でも、使用者は労働者に対し受診を命令することができ、労働者はこれに従うべき信義則上の義務があると考えられ

ています。

　もっとも、労働者に対して受診を命じる際にその根拠として示せるよう、就業規則には受診命令についての規定を置いておくことが望ましいといえます。

3、受診を命じる際の注意点

　以上のとおり、就業規則上の定めの有無にかかわらず、一定の場合には労働者に対して受診命令をすることが可能です。

　しかし、精神疾患は労働者にとって極めてデリケートな問題です。医師の診察を受けて精神疾患と診断されることにより、職場その他において不利益な扱いを受けてしまうのではないかと不安に思う労働者も多いと思われます。また、労働者本人が自覚症状を感じていない可能性もあり、そのような場合にまで直ちに受診を命じると、労働者に使用者への不信感を持たせてしまうおそれもあります。

　まずは労働者に対し、受診を勧める理由を説明し、本人が納得して医師の診察を受けられるよう努めるべきでしょう。

■ 業務上災害か、私傷病か

　労働者がメンタルヘルス不調に陥った場合、それが業務上災害に当たるのか、業務外の私傷病なのかは重要なポイントになります。労災保険給付 ポイント 39 P192 の有無や解雇制限（業務上災害の場合、原則として療養のため休職する期間及びその後30日間は解雇不可 ポイント 42 P202 ）などにおいて違いがあるからです。

　業務上災害かどうかについては、厚生労働省が策定した「心理的負荷による精神障害の認定基準」にしたがって、判断されています。

　同基準においては、①うつ病など認定基準の対象となる精神障害を発病していること、②精神障害の発病前おおむね6か月以内に業務による強い心理的負荷が認められること、③業務以外の心理的負荷や個体

側要因により発病したとは認められないこと、という要件が定められ
ています。

　したがって、労働者のメンタルヘルス不調が明らかになった場合は、
上記基準に照らして業務上災害の該当性を検討し、業務上災害の可能性
がある場合は労災保険給付等の手続きをとることになります。

■ 適切な業務上の措置

　メンタルヘルス不調に陥った労働者に対しては、使用者としてそ
の労働者の健康に配慮した対応が求められます。これを怠り、労働
者の症状が悪化するなどした場合には、使用者に安全配慮義務違反
ポイント 50 P245 として、損害賠償責任が生じるおそれもあります。

　では、具体的にどのような対応をとるべきでしょうか。

　この点については、厚生労働省の「健康診断結果に基づき事業者が講
ずべき措置に関する指針」が参考になります。

　この指針では、軽減措置の必要性の有無や内容について医師に意見を
求め、「通常勤務」「就業制限」「要休業」の３つの区分に分けて適切な
対応をとることが求められています。

　「就業制限」の場合は、労働時間の短縮、出張や時間外労働の制限、
配置転換などの措置が求められますし、「要休業」の場合は、休暇、休
職等により一定期間勤務させない措置を講じることが求められていま
す。

　この指針は、本来、通常の定期健康診断で異常が認められた場合の使
用者がとるべき対応について定めた指針ですが、医師の客観的所見に基
づいて労働者の症状に応じた適切な措置をとるという趣旨に基づく指針
であり、メンタルヘルス不調の労働者への業務軽減措置を検討する際に
も応用できるものと考えられます。

◆具体的な業務軽減措置

就業制限

・短時間勤務
・時間外労働の禁止
・出張の制限
・配置転換
・業務内容の制限　等

要休業

・休暇をとる
・休職する

■ 業務軽減の際の留意点

　留意点として、業務軽減のための措置を行うことが、かえって労働者にとって逆効果とならないように気をつけなければなりません。

　たとえば、配置転換の結果、労働者が経験のない業務に従事させられることで心理的な負担が大きくなり、結果として症状が悪化する、ということになってしまっては本末転倒です。

　業務軽減措置を行う際には、医師の意見や本人の意思にも配慮しながら、措置の内容を慎重に検討することが重要です。

弁護士との顧問契約について
教えて欲しい

——相談者 52 歳（男性）のケース

● 法律問題や相談に応じる会社専属アドバイザー

Q 私は現在、食品の製造・販売業を営む会社の代表取締役を務めています。従業員は 120 名です。契約書を作成することもたまにはありますが、自分で作成するのは面倒なので、取引先が作成した契約書をそのまま使っています。経営者仲間からは『そんなやり方ではのちのち問題が出てくると思うよ』と言われ、弁護士との顧問契約を勧められました。顧問契約がどういうものなのか教えてください。

A 弁護士との顧問契約は、大まかにいいますと、弁護士が、一定の期間にわたり、顧問先の法律問題について、法的なアドバイスを行うという契約になります。

Q 弁護士と顧問契約を結ぶと、どのようなメリットがありますか？

A まず 1 つ目のメリットですが、顧問契約を結んでおけば、弁護士といつでも気軽に相談することができますし、スピーディーに対応してもらえます。一般の法律相談ですと、その都度、相談の概要を伝えて、相談できるかどうかを確認し、相談の予約を取って、事務所にてようやく相談、という流れになります。顧問契約を結んでおけば、弁護士の事務所に行かなくても、電話やメールで相談できますし、弁護士に相談すべきかどうか迷ってしまうようなちょっとした法律問題についても、気軽に相談できます。

2つ目のメリットですが、顧問契約を結びますと、一定の期間、弁護士との関係が続くことになりますので、その間に、会社の業務内容や内情を弁護士に理解してもらえますし、弁護士の人柄も分かり、信頼関係を深めていくことができます。会社の実情に沿った実のあるアドバイスを受けることができます。

　取引先が作成した契約書をそのまま使うというのも問題です。取引先が作った契約書は、取引先にことさら有利な内容になっているおそれがあり、争いとなったときに自社に著しく不利になる可能性があります。必ず顧問弁護士のチェックを受けるべきです。

　顧問契約は、会社のトラブルを未然に防止し、また、トラブルになった場合にも早い対応を可能とするものです。費用は、月3万円〜5万円の場合が多いようですが、一人法務部担当者を雇ったと思えば決して高い料金ではありません。

第4章

働き方改革

ポイント 53 労働時間短縮と多様な働き方を

平成30年6月29日、国会において「働き方改革を推進するための関係法律の整備に関する法律」（働き方改革関連法）が成立し、7月6日に公布されました。平成31年4月1日から施行されています。

事業者にとって今回の働き方改革の内容を把握しておくことは、非常に重要です。

■ 働き方改革関連法の概要

働き方改革関連法は、「労働者がそれぞれの事情に応じた多様な働き方を選択できる社会を実現する働き方改革を総合的に推進するため、長時間労働の是正、多様で柔軟な働き方の実現、雇用形態にかかわらない公正な待遇の確保等のための措置を講ずること」を目的として、制定されました。

具体的な内容は、大きく分けて、

①働き方改革の総合的かつ継続的な推進
②長時間労働の是正、多様で柔軟な働き方の実現等
③雇用形態にかかわらない公正な待遇の確保

という3つの柱で構成されています。

■ 働き方改革関連法制定の背景

現在の日本は、少子高齢化が進み、生産年齢人口の減少という課題に直面しています。

また、労働者一人ひとりには育児や介護といった様々な事情があり、

仕事や職場環境に対する労働者のニーズも多様化しています。

　そのようなニーズに応え、労働者の就業機会を増やし、意欲や能力を十分に発揮できるような環境を整備することも必要となっています。

　さらに、長時間労働により、労働者が肉体的、精神的に追い込まれてしまう例が数多く生じています。

　また、「過労死」や「ブラック企業」といった社会問題への対応として、働き過ぎを防ぎ、多様な「ワーク・ライフ・バランス」を実現することも求められています。

　加えて、近年では契約社員、パート社員や派遣社員など、非正規雇用労働者の割合が増えていますが、正社員と同じような仕事をしているのに、非正規雇用労働者は、賃金や福利厚生の面で大きな格差を設けられています。

　労働者が、雇用形態にかかわらず、待遇に納得して働き続けることができ、多様で柔軟な働き方を選択できるようになるためには、正規雇用労働者と非正規雇用労働者の間の不合理な待遇の格差をなくしていくことが必要です。

　働き方改革関連法は、このような様々な課題を是正し、労働者が多様で柔軟な働き方を選択できる社会の実現を目指して制定され、労働に関する法律や制度の総合的な改革が図られました。

■ 雇用対策法の法律名の変更など

労働者の多様な事情に応じた雇用の安定及び職業生活の充実や労働生産性の向上を促進することが、法律の目的として明記されました。

それに対応する形で、法律名も「雇用対策法」から「労働施策の総合的な推進並びに労働者の雇用の安定及び職業生活の充実等に関する法律」（労働施策総合推進法）に改められました。

また、同法の基本的理念に、「労働者は、職務の内容及び職務に必要な能力、経験その他の職務遂行上必要な事項（能力等）の内容が明らかにされ、並びにこれらに即した評価方法により能力等を公正に評価され、当該評価に基づく処遇を受けることその他の適切な処遇を確保するための措置が効果的に実施されることにより、その職業の安定が図られるように配慮されるものとする。」（同法3条2項）も加えられました。

■ 国が打ち立てた新たな施策

国の講ずべき施策として、これまでの雇用関係施策に加え、次のような施策が新たに盛り込まれました。

①労働時間の短縮、その他の労働条件の改善
②多様な就業形態の普及
③雇用形態または就業形態の異なる労働者の間の均衡のとれた待遇の確保
④仕事と生活（育児、介護、治療）の両立

■ 事業主の責務

働き方改革において、事業主の役割も重要であることから、「職業生活の充実」に対応するものとして、労働者の労働時間の短縮その他の労働条件の改善など、労働者が生活との調和を保ちつつ、意欲と能力に応じて就業できる環境の整備に努めなければならないという事業主の責務

が新設されました。

■ 労働施策基本方針の策定

　国は、労働施策総合推進法に基づき、平成30年12月28日、「労働施策基本方針」を閣議決定しました。目指す社会として、①誰もが生きがいを持って、その能力を有効に発揮することができる社会、②多様な働き方を可能とし、自分の未来を自ら創ることができる社会、③意欲ある人々に多様なチャンスを生み出し、企業の生産性・収益力の向上が図られる社会を提示しました。

　そのために、基本的な事項として、①労働時間の短縮等の労働環境の整備、②均衡のとれた待遇の確保、多様な働き方の整備、③多様な人材の活躍推進、④育児・介護・治療と仕事の両立支援、⑤人的資本の質の向上、職業能力評価の充実、⑥転職・再就職支援、職業紹介等の充実、⑦働き方改革の円滑な実施に向けた連携体制整備を労働施策としました。

　会社の経営に当たっても、こうした国の方針を踏まえた対応が必要となってくると思われます。

■ 労働者派遣法とその改正

　労働者派遣とは、派遣元の雇用する労働者を、当該雇用関係のもとに、派遣先の指揮命令を受けて、当該派遣先のために労働に従事させることです。労働力の需給調整と派遣労働者の保護のバランスを図るため、労働者派遣法が定められています。その内容については本書では紙面の関係で触れませんが、派遣労働者を受け入れる場合には、同法の規制を受けますので注意が必要です。派遣労働者についても、同法改正により令和2年4月1日より「同一労働同一賃金の原則」が適用されました ポイント 55 P273 。

これまでの労働時間法制が改正された

　労働者の働き過ぎを防ぎながら、「ワーク・ライフ・バランス」と「多様で柔軟な働き方」を実現するため、これまでの労働時間法制が見直されました。

■ 長時間労働の是正

1、時間外労働の上限規制

　これまで時間外労働（残業）　ポイント 36 P181 　には、法律上の上限がありませんでした。

　しかしながら、長時間の時間外労働の結果、労働者が心身の健康を崩してしまうこともありました。

　今回の法改正では、原則として月45時間、年360時間を残業の上限として設定しました。

　なお、臨時的な特別な事情があり、労使が合意する場合であっても、年720時間、複数月平均80時間（休日労働を含む）、単月100時間未満（休日労働を含む）が残業の上限とされました。ただし、月45時間を超えることができるのは、年6か月までです。

　ただし、この上限規制には例外があり、自動車運転業務、建設事業、医師等については、改正法施行（平成31年4月）後5年間は規制の適用が猶予されます。

　また、新技術・新商品等の研究開発業務については、医師の面接指導等を条件に、上限規制が適用されないことになっています。

◆時間外労働（残業）上限

原　則	月45時間、年360時間
臨時的な特別の事情と労使の合意の場合	複数月平均80時間（休日労働を含む）、単月100時間未満（休日労働を含む）、年720時間、月45時間超は年6か月まで

2、月60時間超の残業に対する割増賃金の引き上げ（中小企業）

　労働基準法では、1か月の残業が60時間を超えた場合の割増賃金率は50％とされています。他方、中小企業については、これまでその適用が猶予されており、同割増賃金率は25％でした。

　しかし、今回の法改正により、前記の適用猶予が廃止されたため、令和5年4月1日より、中小企業においても割増賃金率が50％に引き上げられます。

◆残業賃金

1か月の残業時間	60時間超
割増	50％

（令和5年4月1日より中小企業も25％から引き上げられる）

3、有給休暇取得の義務付け

　労働者は、使用者に対して有給休暇取得の希望を申し出ることによって、有給休暇を取得できます。

　しかし、労働者にとって、その申し出をすることが難しい状況にあることも多く、日本の有給休暇取得率は50％に満たない状況でした。

　今回の法改正により平成31年4月1日からは、使用者は、年10日以上の有給休暇が付与される労働者に対し、労働者の希望を聴き、時季を指定した上で、年5日以上の有給休暇を取得させる義務を負うこととな

りました。

4、労働時間の状況の把握の実効性確保

これまで、割増賃金を適正に支払うため、労働時間を客観的に把握することを厚生労働省の「通達」で規定していました。

しかし、裁量労働制が適用される労働者などは、この通達の対象外でした。

今回の法改正により、労働者の健康管理の観点から、裁量労働制が適用される労働者や、割増賃金の支払義務のない管理監督者も含めて、すべての労働者の労働時間の状況が、客観的な方法その他適切な方法で把握されるよう法律で義務付けられました。

また、残業が一定時間を超えた労働者から申し出があった場合には、使用者は医師による面接指導を実施する義務があります。

■ フレックスタイム制の見直し

フレックスタイム制とは、1日の労働時間の長さを一律に定めるのではなく、一定の期間における総労働時間をあらかじめ定めておき、その時間内で労働者が各労働日の始業及び終業時刻を自主的に決定して働くことができる制度のことです（ ポイント 35 P178 参照）。

この制度において、労働者が総労働時間を定めることができる一定の期間を「清算期間」といいます。現行法では、清算期間の上限は「1か月」とされていましたが、今回の改正で「3か月」に延長されました。

この改正により、子育てや介護などの生活上のニーズに合わせて、月をまたいで労働時間を調整することができるようになり、より柔軟な働き方が可能となります。

■ 高度プロフェッショナル制度の創設

高度プロフェッショナル制度（以下「高プロ」）とは、高度の専門的

知識等が必要な対象業務に従事する労働者について、一定の要件の下、労働基準法における労働時間、休日や深夜の割増賃金等に関する規定の適用を除外するものです。

1、対象業務

高度の専門的知識等を必要とし、その性質上、従事した時間と従事して得た成果との関連性が通常高くないと認められるものとして、厚生労働省令で定めた業務が対象となります。

具体的には、金融商品の開発業務、金融商品のディーリング業務、アナリストの業務（企業・市場等の高度な分析業務）、コンサルタントの業務（事業・業務の企画運営に関する高度な考案または助言業務）や研究開発業務等が想定されています。

対象業務に従事する時間に関し使用者から具体的指示を受けて行うものは含まれません。

2、対象労働者

使用者との書面等による合意に基づき、職務の範囲が明確に定められている労働者で、1年間に支払われると見込まれる賃金の額が、国民の平均給与額の3倍を相当程度上回る水準として、厚生労働省令で定める額（平成31年では1075万円）以上の者が、高プロの対象労働者となります。

3、対象労働者の健康確保措置等

使用者が対象労働者の在社時間及び社外での労働時間を把握する措置を講じること、対象労働者に対し、年間104日以上で、かつ、4週間を通じ4日以上の休日を与えることに加え、休日や労働時間に関する以下のいずれかの措置を講じる必要があります。

・厚生労働省令で定める時間（11時間）以上の「勤務間インターバル措置」（終業時刻から次に始業時刻までの休息時間）に加え、1か月の深夜労働を一定の回数（4回以内）に制限すること

・対象労働者の1か月または3か月当たりの在社時間及び社外での労働時間を一定の時間内とすること

・1年に1回以上、2週間連続の休暇（対象労働者が希望する場合は、年2回以上の1週間連続の休暇）を与えること

・対象労働者への臨時の健康診断の実施

4、その他の要件

前記の対象業務、対象労働者の範囲や健康確保措置等について、事業場の労使同数で組織した委員会で5分の4以上の多数による決議が必要です。

その他、使用者による行政官庁への届出、対象労働者本人から書面による同意を得るなどの要件を満たすことが必要です。

◆高度プロフェッショナル制度創設の条件と措置

対象業務	金融商品の開発、金融商品のディーリング、アナリスト、コンサルタント、研究開発
対象労働者	国民の平均給与額の3倍超（平成31年の場合1075万円以上）
休日	年間104日以上で、かつ、4週間で4日以上
労働時間	・「勤務間インターバル措置」、1か月の深夜労働回数を制限 ・1か月または3か月当たりの労働時間が一定時間内 ・1年に1回以上、2週間連続の休暇 　あるいは、年2回以上の1週間連続の休暇 ・臨時の健康診断の実施 のいずれか

55 同一労働 同一賃金の原則

■ 同一労働同一賃金の目的と法改正

　同一労働同一賃金の目的は、仕事ぶりや能力が適正に評価され、意欲をもって働けるよう、同一企業・団体におけるいわゆる正規雇用労働者（無期雇用フルタイム労働者）と非正規雇用労働者（有期雇用労働者、パートタイム労働者、派遣労働者）の間の不合理な待遇差の解消を目指すものです。

　この目的を実現するため、政府は、平成30年6月29日に正規雇用労働者と非正規雇用労働者間の不合理な待遇差解消の実効性を確保する法制度（いわゆる働き方改革関連法のうち、パートタイム・有期雇用労働法、労働契約法、労働者派遣法の改正）を整備しました。

■ 不合理な待遇の禁止（パート有期法8条）

　本条は、正規雇用労働者と非正規雇用労働者間の不合理な待遇の相違を禁止した規定で、同一労働同一賃金を実現するための重要な規定です。その具体的な内容は、次のとおりです。

　1、比較の方法

　不合理な待遇の相違といえるか否かは、基本給、賞与、各種手当、福利厚生などの待遇ごとに比較します。

　2、比較の対象

　通常の労働者の待遇と短時間・有期雇用労働者の待遇とを比較して判断します。ここでいう「通常の労働者」とは、具体的には、いわゆる正規型の労働者ないし無期雇用フルタイム労働者をいいます。

　また、「有期雇用労働者」とは、事業主と期間の定めのある労働契約を締結している労働者をいいます。「短時間労働者」とは、一週間の所

定労働時間が同一の事業主に雇用される通常の労働者の一週間の所定労働時間に比し短い労働者をいい、平たく言うとパートタイムで働いている労働者を想定しています。

3、不合理性の判断方法

不合理性の有無は、次の①～③の各事情うち、問題となっている待遇の性質及びその待遇を行う目的に照らして適切と認められるものを考慮し、不合理と認められる相違といえるか否かで判断します。

①業務の内容及び当該業務に伴う責任の程度
②当該職務の内容及び配置の変更の範囲
③その他の事情

つまり、上記①～③の事情を当然に全て考慮するのではなく、上記①～③の事情の中から、問題となっている待遇の性質・目的に照らして適切と認められる事情を考慮し、不合理性を判断します。

上記①の事情とは、労働者が従事している業務の内容や当該業務に伴う責任の程度を意味します。

上記②の事情とは、転勤、昇進といった人事異動の見込みや本人の役割の変化等の有無・範囲を意味します。

上記③の事情とは、職務の成果、能力、経験、合理的な労使の慣行、労使交渉の経過のほか、正社員登用制度が用意されていることや、定年後再雇用者であることなども含みます。

4、具体例

以下では、不合理性の判断方法の一例を紹介します。

①基本給の相違

正社員Aと1年置きに契約更新しているBとの間で、基本給に違いがある場合には、ⅰその基本給が労働者の業務内容を踏まえて決定される

性質であるときは前記3、①を考慮し、ⅱその基本給が労働者の能力・経験を踏まえて決定される性質であるときは前記3、③を考慮し、ⅲ基本給の決定要因が不明確なときには前記3、①～③を考慮し、ＡとＢとの基本給の相違が不合理といえるか否かを判断することになると考えられます。

②賞与の相違

正社員に賞与が支給されている一方で、非正規社員に賞与が支給されていない、あるいは正社員より支給額が少ない場合はどうでしょうか。

この場合、前記基本給と同様に、まず、その会社における賞与の性質を検討します。

例えば、ⅰ賞与の性質が会社の業績等への労働者の貢献に応じて支給されるときには、前記3、③を考慮して、ⅱ賞与の性質が将来の意欲向上や有為な人材の獲得・定着を図る目的で支給されているときには、前記3、①②を中心的に考慮して不合理性を判断するものと考えられます。

正社員　　　　非正規社員

③時間外労働手当の相違

非正規社員の時間外労働手当の支給額（割増率）が、正社員の時間外労働手当の支給額（割増率）よりも少ない場合はどうでしょうか。

割増賃金の趣旨は、通常の労働時間に付加された特別の労働であり、それに対して一定額の補償をさせるとともに、時間外労働の抑制を図るという点にあります。このような趣旨からすると、前記 3、①～③の事情によって、割増率等に相違を設けることは想定されていません。

ですから、非正規社員と正社員との間で時間外労働手当の割増率等に相違を設けた場合には、不合理な相違と判断される可能性が高いと考えられます。

5、本条に違反した場合

行政上の責任としては、厚生労働大臣による報告徴収、助言、指導及び勧告の対象となりますが、勧告に従わなかった場合の企業名公表の対象にはなりません。

民事上の責任としては、不合理な待遇を受けた労働者から、不法行為に基づく損害賠償請求などを受けることになるでしょう。

■ 同一労働同一賃金ガイドライン

1、概要

厚生労働省は、平成 30 年 12 月 28 日、「短時間・有期雇用労働者及び派遣労働者に対する不合理な待遇の禁止等に関する指針」を公表しました。厚生労働省は、この指針の略称として、「同一労働同一賃金ガイドライン」という名称を用いています（以下、「指針」といいます）。

指針は、基本給、賞与、手当、福利厚生などの待遇ごとに、いかなる待遇の相違が不合理と認められるか否かの原則となる考え方や具体例を示したものです。

2、目的・基本的な考え方

指針は、前記パート有期法8条などが定める事項に関し、雇用形態または就業形態に関わらない公正な待遇を確保して、我が国が目指す同一労働同一賃金の実現に向けて定めたものです。

また、その基本的な考え方として、指針に反した場合には、当該待遇の相違が不合理と認められる可能性が高いと記載されています。しかし、裏を返せば、指針に反した場合であっても、直ちに違法と判断されるわけではないことを意味しています。

指針は、原則となる考え方や具体例を示したものではありますが、不合理性の判断は、あくまで各社における様々な事情を考慮して個別的に判断されるものですから、指針の考え方や具体例は、その判断の際に参考にされるものにすぎません。

3、指針の性格

指針は、あくまで行政庁が基本的な考え方や具体例を示して、事業主による待遇改善などの取り組みを促す趣旨であり、指針に違反した場合でも不合理と認められる可能性があるにとどまり、裁判所の法的判断を拘束するものではありません。

もっとも、裁判所が指針を踏まえて不合理性の判断を行う可能性は高く、指針に沿った内容の判決がでることも十分に想定されます。現に、指針の内容に言及した裁判例も出てきています（東京高裁平成31年2月20判決）。

したがって、企業側としては、指針の内容を踏まえた上で検討を進める必要があり、弁護士などの専門家に確認をすることも考えられます。

■ 長澤運輸事件・ハマキョウレックス事件の最高裁判決

働き方改革法の施行を待たずして、最高裁判所は、同一労働同一賃金の原則に関わる重要な判決を平成30年6月1日に下しました。今回の

法整備（改正）によって削除された旧労働契約法20条（期間の定めがあることによる不合理な労働条件の禁止）違反に関する前記2つの事件の判断がそれです。

　両社はいずれも運送会社ですが、長澤運輸事件では正社員と定年後再雇用労働者（有期契約社員）の労働条件の差異について、ハマキョウレックス事件では正社員と有期契約社員の労働条件の差異について、それぞれその一部について違法性を認定したのです。概略を説明します。

1、長澤運輸事件

　定年退職者を有期労働契約により再雇用する場合、長期間雇用することは通常予定されておらず、老齢厚生年金の支給を受けることも予定されているなどの事情があるので、住宅手当や家族手当などについては、差異があっても違法とはならない。しかし、精勤手当は欠勤なしで勤務することを奨励する趣旨であり無期契約社員（正社員）と有期契約社員（定年後再雇用労働者）とでは違いがない。そして、時間外手当についても精勤手当も含めて基礎賃金額を算出しているとして、精勤手当と時間外手当の差異について旧労働契約法20条に違反するとしました。

2、ハマキョウレックス事件

　住宅手当については、正社員は転居を伴う配転（転勤）が予定されおり多額の支出の可能性があるが、有期契約社員をそれがないので、差異は違法とは言えない。しかし、無事故手当、作業手当、給食手当、通勤手当、皆勤手当については、それぞれの趣旨からして、正社員と有期契約社員との間で差異を設けることは不合理であり、旧労働契約法20条に違反するとしました。

編著者紹介

▌編著者

やました　こう
山下　江

弁護士法人山下江法律事務所代表・弁護士。1952年広島県江田島市生まれ。東京大学工学部中退。元広島弁護士会副会長。元山口フィナンシャルグループ（YMFG）監査役。ベンチャー企業を支援するNPO法人広島経済活性化推進倶楽部（KKC）理事長。東京商工会議所・広島商工会議所会員、東京中央新ロータリークラブ会員など。

▌著者

たなか　しん
田中　伸

弁護士・弁護士法人山下江法律事務所副代表。広島県三原市生まれ。一橋大学法学部卒業。元広島弁護士会副会長。

いながき　ひろゆき
稲垣　洋之

弁護士・弁護士法人山下江法律事務所所属。広島県広島市生まれ。一橋大学法学部卒業。

かとう　やすし
加藤　泰

弁護士・弁護士法人山下江法律事務所所属。宮城県仙台市生まれ。早稲田大学法学部卒業。一般社団法人はなまる相続監事。

おか　あつし
岡　篤志

弁護士・弁護士法人山下江法律事務所東京支部長。広島県山県郡安芸太田町生まれ。九州大学法科大学院修了。

ちびき　まさし
地引　雅志

弁護士・弁護士法人山下江法律事務所所属。千葉県流山市生まれ。成蹊大学法科大学院修了。

山下江法律事務所事務所概要

【広島本部】〒 730-0012
広島県広島市中区上八丁堀 4-27
上八丁堀ビル 703
TEL：082-223-0695
FAX：082-223-2652

【福山支部】〒 720-0067
広島県福山市西町 2-10-1
福山商工会議所ビル 5 階
TEL：084-993-9041
FAX：084-993-9042

【東広島支部】〒 739-0043
広島県東広島市西条西本町 28-6
サンスクエア東広島 3-1
TEL：082-423-1511
FAX：082-423-1512

【東京支部（東京虎ノ門オフィス）】
〒 105-0001
東京都港区虎ノ門 1-5-8
オフィス虎ノ門 1 ビル 803
TEL：03-6632-5355
FAX：03-6632-5356

【呉支部】〒 737-0051
広島県呉市中央 2-5-2 NS ビル 703
TEL：0823-25-0077
FAX：0823-25-0081

【岩国支部】〒 740-0022
山口県岩国市山手町 1-16-10
山手町ビル 402
TEL：0827-33-3005
FAX：0827-33-3006

※全事務所共通 相談予約専用フリーダイヤル
「なやみよまるく」0120-7834-09

企業法務に関して、具体的事案などさらに詳しくお知りになりたい方は、
下記のホームページをご覧ください。
https://www.law-yamashita.com/scope/corporate-legal-services

●装丁／スタジオ・ギブ
●本文 DTP ／西岡真奈美
●図版作成／西岡真奈美
●カバーイラスト／ momonga
●本文イラスト／ショウジサダム

実務に役立つ 企業法務のポイント55

2020 年 4 月 11 日　初版　第 1 刷

編　著／山下 江
発行者／西元俊典
発行元／有限会社 南々社
　　　　〒 732-0048 広島市東区山根町 27-2
　　　　TEL　082-261-8243　　FAX　082-261-8647
　　　　振替 01330-0-62498

印刷製本所／モリモト印刷株式会社
※定価はカバーに表示してあります。